Illustration: Francine Auger.

Gabrielle Roy, 1909-1883

André Vanasse

Né le 6 mars 1942, André Vanasse est directeur littéraire de XYZ éditeur et directeur du magazine littéraire *Lettres québécoises*. Membre fondateur de l'Association des littératures canadiennes et québécoise (ALCQ) et de la Société de développement des périodiques culturels (SODEP), il a été aussi membre du premier bureau de direction de la Commission de droit de prêt public (CDPP). Il a reçu le « Certificat de mérite 1993 » de l'Association des études canadiennes pour son apport exceptionnel au développement de la littérature québécoise.

André Vanasse est aussi essayiste et romancier. Il a publié des essais, des anthologies, trois romans pour adultes et deux pour la jeunesse de même qu'une centaine d'articles et de comptes rendus dans différents journaux et revues. Il a été finaliste au Grand Prix littéraire de la Ville de Montréal (*La saga des Lagacé*) et finaliste au Prix du Gouverneur général du Canada (*Des millions pour une chanson*).

Dans la même collection

1. Louis-Martin Tard, *Chomedey de Maisonneuve. Le pionnier de Montréal.*
2. Bernard Assiniwi, *L'Odawa Pontiac. L'amour et la guerre.*
3. Naïm Kattan, *A. M. Klein. La réconciliation des races et des religions.*
4. Daniel Gagnon, *Marc-Aurèle Fortin. À l'ombre des grands ormes.*
5. Mathieu-Robert Sauvé, *Joseph Casavant. Le facteur d'orgues romantique.*
6. Louis-Martin Tard, *Pierre Le Moyne d'Iberville. Le conquérant des mers.*
7. Louise Simard, *Laure Conan. La romancière aux rubans.*
8. Daniel Poliquin, *Samuel Hearne. Le marcheur de l'Arctique.*
9. Raymond Plante, *Jacques Plante. Derrière le masque.*
10. André Berthiaume, *Jacques Cartier. L'inaccessible royaume.*
11. Pierre Couture, *Marie-Victorin. Le botaniste patriote.*
12. Louis-Martin Tard, *Michel Sarrazin. Le premier scientifique du Canada.*
13. Fabienne Julien, *Agathe de Repentigny. Une manufacturière au XVIIᵉ siècle.*
14. Mathieu-Robert Sauvé, *Léo-Ernest Ouimet. L'homme aux grandes vues.*
15. Annick Hivert-Carthew, *Antoine de Lamothe Cadillac. Le fondateur de Detroit.*
16. André Vanasse, *Émile Nelligan. Le spasme de vivre.*
17. Louis-Martin Tard, *Marc Lescarbot. Le chantre de l'Acadie.*
18. Yolaine Laporte, *Marie de l'Incarnation. Mystique et femme d'action.*
19. Daniel Gagnon, *Ozias Leduc. L'ange de Correlieu.*
20. Michelle Labrèche-Larouche, *Emma Albani. La diva, la vedette mondiale.*
21. Louis-Martin Tard, *Marguerite d'Youville. Au service des exclus.*
22. Marguerite Paulin, *Félix Leclerc. Filou, le troubadour.*
23. André Brochu, *Saint-Denys Garneau. Le poète en sursis.*
24. Louis-Martin Tard, *Camillien Houde. Le Cyrano de Montréal.*
25. Mathieu-Robert Sauvé, *Louis Hémon. Le fou du lac.*
26. Marguerite Paulin, *Louis-Joseph Papineau. Le grand tribun, le pacifiste.*
27. Pierre Couture et Camille Laverdière, *Jacques Rousseau. La science des livres et des voyages.*
28. Anne-Marie Sicotte, *Gratien Gélinas. Du naïf Fridolin à l'ombrageux Tit-Coq.*
29. Christine Dufour, *Mary Travers Bolduc. La turluteuse du peuple.*
30. John Wilson, *Norman Bethune. Homme de caractère et de conviction.*
31. Serge Gauthier, *Marius Barbeau. Le grand sourcier.*
32. Anne-Marie Sicotte, *Justine Lacoste-Beaubien. Au secours des enfants malades.*
33. Marguerite Paulin, *Maurice Duplessis. Le Noblet, le petit roi.*
34. Véronique Larin, *Louis Jolliet. Le séminariste devenu explorateur.*
35. Julie Royer, *Roger Lemelin. Des bonds vers les étoiles.*
36. Francine Legaré, *Samuel de Champlain. Père de la Nouvelle-France.*
37. Pierre Couture, *Antoine Labelle. L'apôtre de la colonisation.*
38. Camille Laverdière, *Albert Peter Low. Le découvreur du Nouveau-Québec.*
39. Marguerite Paulin, *René Lévesque. Une vie, une nation.*

Gabrielle Roy

La publication de cet ouvrage a été rendue possible grâce à l'aide financière du ministère du Patrimoine canadien par l'entremise du Programme d'aide au développement de l'industrie de l'édition (PADIÉ), du Conseil des Arts du Canada (CAC), du ministère de la Culture et des Communications du Québec (MCCQ) et de la Société de développement des entreprises culturelles (SODEC).

XYZ éditeur
1781, rue Saint-Hubert
Montréal (Québec)
H2L 3Z1
Téléphone : 514.525.21.70
Télécopieur : 514.525.75.37
Courriel : info@xyzedit.qc.ca
Site Internet : www.xyzedit.qc.ca

et

André Vanasse

Dépôt légal : 2ᵉ trimestre 2004
Bibliothèque nationale du Canada
Bibliothèque nationale du Québec
ISBN 2-89261-269-1

Distribution en librairie :
Au Canada :   En Europe :
Dimedia inc.   D.E.Q.
539, boulevard Lebeau   30, rue Gay-Lussac
Ville Saint-Laurent (Québec)   75005 Paris, France
H4N 1S2   Téléphone : 1.43.54.49.02
Téléphone : 514.336.39.41   Télécopieur : 1.43.54.39.15
Télécopieur : 514.331.39.16   Courriel : liquebec@noos.fr
Courriel : general@dimedia.qc.ca

Conception typographique et montage : Édiscript enr.
Maquette de la couverture : Zirval Design
Illustration de la couverture : Francine Auger
Recherche iconographique : André et Nicole Vanasse

ANDRÉ VANASSE

ROY

Gabrielle

ÉCRIRE, UNE VOCATION

XYZ
éditeur

Du même auteur

Émile Nelligan. Le spasme de vivre, Montréal, XYZ
éditeur, coll. « Les grandes figures », 1996.

Rêves de gloire, roman pour la jeunesse, Montréal, La
courte échelle, 1995.

Avenue De Lorimier, roman, Montréal, XYZ éditeur,
coll. « Romanichels », 1992.

Claire St-Onge, avec la collaboration d'André Vanasse,
Amours, malices et… orthographe, roman pour la
jeunesse, Montréal, XYZ éditeur, 1991.

André Berthiaume, Diane-Monique Daviault, Jean-
Pierre Neveu, Daniel Sernine, Marie José Thériault,
André Vanasse, *Aérographies*, Montréal, XYZ
éditeur, décembre 1989, voir « Le grand trou
blanc », p. 67-78.

Des millions pour une chanson, roman pour la jeunesse, Montréal, Québec Amérique, coll. « Littérature jeunesse », 1988 ; traduit en catalan sous le titre
Milions per une cançó, Barcelone, La Galera, 1991 ;
traduit en espagnol sous le titre de *Millones por
una cancion*, Barcelone, La Galera, 1992.

La vie à rebours, roman, Montréal, Québec Amérique,
coll. « Littérature d'Amérique », 1987.

La saga des Lagacé, roman, Montréal, Libre Expression, 1980 ; Montréal, Leméac, Poche Québec,
1986.

À Laurence,
pour la beauté de sa timidité
et pour sa touchante affection.

Remerciements

Je tiens à remercier André Brochu pour ses deux lectures attentives. En raison de ses remarques pertinentes, j'ai dû remanier de fond en comble la première version de cette biographie. Voilà où mène l'amitié !

Merci aussi à François Ricard à la fois pour l'ampleur de sa recherche biographique sur Gabrielle Roy et pour m'avoir spontanément donné accès au «Fonds Gabrielle-Roy».

Gabrielle Roy vers la fin de sa vie.
« Son visage ravagé me tourmente. J'y lis la déception aussi que
je lui ai causée. Je me sens si mal que je voudrais rentrer
sous terre. Disparaître ou alors effacer de ma mémoire
son image qui me hante. » (p. 13)

Prologue

> Tout feu, tout flamme… et puis rien que
> pauvres cendres.
>
> GABRIELLE ROY

Gabrielle Roy fait partie de mes mauvais souvenirs. Quand je pense à elle, j'éprouve un sentiment de malaise qui ne me quitte plus pendant de longues minutes. Son visage ravagé me tourmente. J'y lis la déception aussi que je lui ai causée. Je me sens si mal que je voudrais rentrer sous terre. Disparaître ou alors effacer de ma mémoire son image qui me hante.

J'ai toujours été velléitaire. Je m'emballe vite. Une fois l'excitation disparue, j'oublie les résolutions prises et je tombe dans cet état qui me caractérise — et qui me rend méprisable à mes yeux — qu'on appelle la procrastination, défaut qui consiste à remettre toujours au lendemain ce qu'on devrait faire impérativement le jour même. J'attends. Je tergiverse. Et alors je m'enlise dans une situation qui devient insupportable à la longue. C'est terrible pour moi et encore plus pour les autres.

C'est ce qui s'est passé avec Gabrielle Roy.

Membre de l'Association des littératures canadiennes et québécoise, j'avais mission de lui demander

d'être notre invitée d'honneur à une réception tenue à l'Université de Saskatoon les 25 et 26 mai 1979 dans le cadre de la rencontre des Sociétés savantes. À cette occasion, l'Association devait lui remettre un cadeau pour souligner son apport incommensurable à la littérature. Nous avions décidé de créer, dans la foulée de cette cérémonie, le prix Gabrielle-Roy qui serait décerné chaque année à un essayiste. Une année, il serait attribué à un francophone, l'autre à un anglophone.

Je venais de lire *Ces enfants de ma vie*, qui m'avait bouleversé, et j'étais tout à fait enthousiaste à l'idée de lui annoncer notre décision et de lui parler du projet que nous caressions. Ce que je fis du reste en lui envoyant une lettre en Floride où elle séjournait alors pour l'hiver.

La réponse ne se fit pas attendre. Gabrielle refusait de participer à l'événement pour des raisons de santé. Cela ne m'étonna pas. Je savais qu'il en serait ainsi. Il était connu dans le milieu qu'elle déclinait à peu près toutes les invitations qu'on lui faisait tout simplement parce qu'elle ne pouvait supporter les mondanités, elle qui pourtant s'y était complu dans sa jeunesse. Mais à partir de la quarantaine — en fait après la publication de *Bonheur d'occasion* —, elle avait vécu à l'écart du milieu littéraire.

J'avais évidemment prévu le coup et fus tout de même ravi d'apprendre qu'elle était disposée à assurer en quelque sorte sa présence par l'intermédiaire de sa plume.

Et c'est ainsi qu'elle accepta, faute de venir à Saskatoon, de rédiger un court texte que je m'engageai à lire au cours du banquet tenu par notre Association.

Je ne m'attarderai pas trop longuement sur les angoisses que j'éprouvai quand, à la descente de l'avion, je constatai qu'on avait égaré mes bagages. Où étaient-ils ? À Bangkok ? À San Francisco ? J'étais complètement atterré, non pas tant à cause du fait que je n'aurais plus rien à me mettre sur le dos, que parce que le texte de remerciement signé par Gabrielle Roy se trouvait dans une de mes valises. Si je ne récupérais pas celles-ci dans les vingt-quatre heures, c'en était fait de cet événement sur lequel tous comptaient. Je tremblais à l'idée de devoir improviser un petit laïus dans lequel je devrais expliquer les événements et tenter de rendre compte du contenu du texte signé par Gabrielle Roy. J'imaginais à l'avance la déception que je causerais à l'ensemble des invités.

Heureusement, les valises furent apportées à Saskatoon et je pus lire ce court texte qui créa une certaine émotion dans la salle. J'étais sauvé.

Cela dit, mes déboires avec Gabrielle Roy venaient de commencer. On m'avait confié la tâche de lui faire parvenir, comme marque d'estime et d'affection, une lithographie de Francine Gravel, artiste de la Colombie-Britannique, intitulée *Territoire canadien*.

Pour une raison que je n'arriverais jamais à connaître, la lithographie en question se rendit bien dans la ville de Québec, au Château Saint Louis où habitait Gabrielle Roy, mais elle ne lui fut jamais remise en mains propres.

Et c'est à partir de ce moment que les choses se gâtèrent. Gabrielle Roy m'écrivit pour me signaler qu'elle n'avait pas reçu, comme promis, la fameuse lithographie. Je fis des recherches, envoyai une lettre à la compagnie qui s'était occupée de la livrer, mais mes démarches ne donnèrent aucun résultat : jamais Gabrielle Roy ne reçut le cadeau qui lui était destiné bien que j'eusse la preuve, sous la forme d'un accusé de réception, que le colis avait été déposé à la réception. La lithographie s'était littéralement volatilisée.

Le temps passa et ce n'est que quelques mois plus tard, c'est-à-dire au début du mois de septembre 1979, que je lui donnai signe de vie en décidant d'aller la rencontrer à Petite-Rivière-Saint-François, dans le comté de Charlevoix, où elle séjournait.

Cette maisonnette était son havre. Depuis une vingtaine d'années, elle s'y rendait dès les premiers beaux jours du printemps et elle y restait jusque tard dans l'automne. Je voulais m'excuser du contretemps et lui dire que j'avais l'intention de réclamer une compensation à la compagnie de livraison.

Cette rencontre allait bouleverser ma vie. Rendu sur place, je rencontrai une Gabrielle Roy ravagée, malade et psychologiquement mal en point. Non seulement elle était identique à l'image que j'avais vue d'elle sur les dernières photographies qui avaient été largement diffusées (c'est-à-dire ridée comme une Indienne ayant passé toute sa vie à l'air libre des grandes plaines), mais elle était plongée dans un état qui ressemblait fort à une dépression profonde. Cette femme — l'un des plus grands modèles de notre littérature — n'était plus que l'ombre de l'écrivain que j'avais imaginé : une petite femme fragile et blessée.

Inutile de dire qu'elle ne rata pas l'occasion de me remettre sous le nez mon manque de sérieux. Comment se faisait-il, me répéta-t-elle plusieurs fois, que je n'aie pas pensé à remplacer l'œuvre perdue ? Et comment expliquer qu'elle n'ait pas reçu le moindre mot de remerciement pour le texte qu'elle avait rédigé pour l'Association ? Décidément, nous manquions de savoir-vivre !

J'étais sidéré. De fait, j'avais évité de lui écrire quelque lettre que ce fût parce qu'il me déplaisait de lui dire que j'avais échoué dans mes recherches. Je me sentais coupable autant vis-à-vis d'elle que par rapport à l'Association dont la réputation était dorénavant entachée aux yeux de Gabrielle Roy.

J'étais si désemparé que je restai là devant elle, bouche bée, anéanti par sa mauvaise humeur, ne pouvant que baisser la tête et lui dire combien j'étais navré. L'assurer aussi qu'il n'y avait eu aucune intention mesquine dans mon comportement. Tout simplement, j'avais été négligent. J'étais impardonnable, je le confessais. Tout de même, osai-je lui dire, j'étais venu la saluer à Petite-Rivière-Saint-François dans le but de trouver une solution au problème. N'était-ce pas une preuve de ma bonne volonté ?

Et alors, avec des sanglots, elle me lança : «Vous appelez cela de la bonne volonté ? Mais qu'y a-t-il de changé depuis que le tableau a été perdu ?»

Rien. Je devais le reconnaître. Je me sentis si mal que je me mis à souhaiter n'avoir jamais mis les pieds chez elle. Tout ce que je voulais, tout à coup, c'était rebrousser chemin. Fuir le plus vite possible ce lieu qui me jetait dans le plus grand malaise, quitte à emporter avec moi l'image insupportable d'une Gabrielle Roy en larmes.

Or, comme il arrive parfois dans de telles circonstances, la situation se renversa complètement. Et ce
qui m'arriva, jamais je n'ai cessé d'y penser...

1

Dans la balancelle

Ainsi existent des pays qui correspondent exactement à nos rêves les moins explicables.

GABRIELLE ROY,
Le temps retrouvé

Au moment où, fort triste et plutôt déprimé, je m'apprêtais à quitter Gabrielle Roy, l'horloge devait marquer trois heures de l'après-midi. Le temps était splendide en cette période de la mi-septembre. Les feuilles avaient commencé à rougir. C'était l'annonce d'un grand changement. La nature était sur le point de basculer dans cet état d'extrême violence qui la ferait passer du vert profond de la fin de l'été à cette

Gabrielle Roy à Londres en 1938.
«Or ma vocation d'écrivain s'est pour ainsi dire fixée chez Esther Perfect. Cette femme m'a hébergée pendant l'été de 1938, quand je vivais en Angleterre. […] Une rencontre comme il ne nous en arrive pas souvent dans notre vie.» (p. 23-24)

explosion de rouges, d'ocres, d'oranges et de jaunes. Quelques semaines plus tard, tout s'éteindrait dans le gris de la fin de l'automne.

Gabrielle Roy était restée dans l'entrebâillement de la porte-moustiquaire de la véranda. Elle m'avait refusé l'entrée de sa maison. J'étais en bas de l'escalier. C'est dans cette position que notre pénible discussion avait eu lieu.

Je n'avais plus rien à dire. Elle non plus d'ailleurs. Je me décidai enfin à gravir l'une des trois marches de l'escalier, puis je lui tendis la main pour la saluer. Que pouvais-je faire d'autre après l'avoir assurée que je lui enverrais sans faute une lettre de remerciement au nom de l'Association et que je paierais de ma poche une autre lithographie de Francine Gravel ?

J'allais la quitter quand, d'une voix éteinte, presque suppliante, elle me demanda de rester encore avec elle. « Je suis trop bouleversée, me dit-elle, j'ai besoin de votre présence. À vrai dire, je ne me sens pas bien. »

Effectivement, Gabrielle Roy avait l'air très mal en point. Elle était pâle. Il me semblait avoir vu sa lèvre inférieure trembler. J'accédai à sa demande, trop heureux de lui être utile, de la soulager et de diminuer du même coup mon sentiment de culpabilité.

Elle sembla indécise au cours des quelques secondes qui suivirent. Allait-elle m'inviter à entrer ? Elle me proposa plutôt de partager sa balancelle. Sans doute avait-elle jugé inapproprié de me laisser pénétrer dans sa maison. Nous nous dirigeâmes donc vers l'arrière, puis nous nous installâmes l'un en face de l'autre dans la balancelle rouge.

J'étais trop gêné pour prononcer la moindre parole. J'attendais qu'elle amorce la conversation, conversation qui n'avait décidément pas l'air de vouloir s'engager. N'en pouvant plus, je lui demandai si elle venait dans ce lieu depuis longtemps.

Alors, je vis son visage perdre très lentement son air courroucé et soucieux. Je sentis qu'elle se rasserénait. Gabrielle Roy me regarda ensuite de ses beaux yeux bleus, puis elle me dit, un peu rêveuse :

« Cette maison, c'est ma vie. Je viens ici en mai dès que le temps le permet. J'y reste jusqu'en octobre. C'est mon cloître. C'est ici que j'ai écrit presque tous mes livres, du moins ceux que j'ai publiés après 1957, l'année où j'ai acquis cette maison. Vous avez admiré la vue imprenable que nous avons sur le fleuve ? C'est magnifique. On distingue très bien l'île aux Coudres. Et puis, voyez ces montagnes derrière nous. Ce paysage me chavire. »

Gabrielle Roy cessa un instant de parler. Elle rêvait à je ne sais quoi. Elle enchaîna finalement, presque sur le ton de la confidence :

« Et puis, j'ai la chance d'avoir à mes côtés une femme admirable d'abnégation. Elle s'appelle Berthe Simard. Elle est la fille de l'ancien propriétaire de ce terrain. Vraiment, sans elle, je ne sais pas ce que je deviendrais. Elle s'occupe de tout. Dès que j'ai le moindre ennui, elle s'empresse de veiller à ce qu'il soit vite réglé. Elle trouve toujours la personne qu'il faut pour me dépanner. En plus, moi qui n'aime décidément pas faire à manger, j'ai la chance de pouvoir compter sur elle. Tous les midis après ma séance d'écriture — j'écris tôt le matin jusque vers midi —, elle m'apporte un plat qu'elle a elle-même cuisiné. Après, nous faisons souvent de longues promenades. Nous suivons la voie ferrée. J'aime la marche et les excursions. Cette activité me détend. Vraiment, j'aime beaucoup cette femme qui me traite aux petits oignons.

» Toute ma vie a été jalonnée de femmes qui m'ont choyée. N'est-ce pas étrange ? Ce sont elles qui m'ont permis d'écrire. Il y a eu ma mère, bien sûr, à qui je dois tout. Quand il m'a fallu la quitter, d'autres femmes ont pris la relève comme tout naturellement. Peut-être ai-je cherché ma mère partout où j'allais. Plus j'y pense, plus je me dis que je n'ai jamais cessé de courir après elle. Est-ce parce que j'ai beaucoup souffert de l'avoir laissée seule dans son lointain Manitoba ? »

Je vis alors les yeux de Gabrielle Roy s'embuer. Ce souvenir de sa mère lui était pénible à coup sûr, mais elle l'effaça aussitôt de son esprit pour me parler d'Esther Perfect dont elle avait fait la connaissance dans des circonstances bien particulières. « C'est grâce à elle, me confia-t-elle, que j'ai su que je serais écrivain et non comédienne. Car, vous savez, j'ai vécu presque deux ans [1] en Europe, en France et en Angleterre, pour y apprendre l'art dramatique. Or ma vocation d'écrivain s'est pour ainsi dire fixée chez Esther Perfect. Cette femme m'a hébergée pendant l'été de 1938,

---

1. Voir François Ricard, *Gabrielle Roy. Une vie* (Montréal, Boréal, 1996, p. 180), où il est dit que le séjour de Gabrielle Roy dura «en tout, une vingtaine de mois, de l'automne 1937 au printemps 1939». Le titre de la biographie de François Ricard apparaîtra dorénavant sous l'abréviation *Une vie*.

quand je vivais en Angleterre. Elle habitait dans l'un des Century Cottages qui longent le village d'Upshire dans le comté d'Essex, à deux pas de la forêt d'Epping. Une rencontre comme il ne nous en arrive pas souvent dans notre vie. »

Et alors, elle m'expliqua comment cette rencontre avait eu lieu. Elle me décrivit le saut dans l'autobus de la compagnie Green Line qu'elle avait fait sous l'impulsion du moment, à la seconde où le chauffeur s'apprêtait à partir. Subitement, il lui avait paru invraisemblable de n'avoir jamais emprunté ces autocars qui parcouraient les circuits « verts » de la banlieue de Londres. Cela aurait dû être naturel pour elle qui détestait les grandes cités et ne se sentait vraiment bien qu'à la campagne.

« La ville me tue, me dit-elle. Je n'y ai jamais été à l'aise. J'aime la solitude et le grand air. J'aime encore plus les grands espaces. Vous savez, je suis une fille des plaines. » Elle fit une pause puis, ne pouvant résister au plaisir de raconter, elle me décrivit les suites heureuses de cette fugue.

Gabrielle Roy était une merveilleuse conteuse. Le décor s'animait devant moi. Je ne doutais pas un seul instant de ses talents de comédienne. Voilà qu'elle me faisait vivre la merveilleuse rencontre avec Miss Perfect. C'est ainsi qu'elle m'apprit que, sur les conseils du chauffeur mais aussi ceux des autres passagers de l'autocar, elle avait décidé de descendre à Wake Arms et que, un peu comme dans les contes de fées, elle avait choisi de prendre la petite route qui s'enfonçait dans la forêt. Qu'y trouverait-elle ? Elle n'en savait rien. Un château ? Un prince ? Le Petit Poucet ?

Elle avait donc marché longtemps sans savoir vers quoi, vers qui elle se dirigeait. À la fin, elle avait abouti devant une petite maison qui aurait pu être celle de Blanche-Neige et des sept nains. C'était, me dit-elle, un petit cottage anglais littéralement envahi par les roses trémières et les dauphinelles bleues. On aurait dit une maison de poupée. Sur une pancarte était maladroitement écrit : « *Fresh cut flowers, tea, scones, crumpets... one shilling* [1] ». Elle se souvenait surtout du petit jardin et des abeilles qui bourdonnaient, attirées par les fleurs qui y croissaient partout, comme dans tout jardin anglais. Et puis il y avait, sous une tonnelle, une table de bois et des chaises comme si elle était attendue...

Elle avait frappé à la porte. Une petite femme bossue lui avait répondu que, justement, elle préparait le thé et qu'elle allait le lui servir très bientôt.

Au bout d'un quart d'heure, la petite dame était sortie en portant un lourd plateau chargé de biscuits, de pain, de confiture et de thé. Gabrielle, affamée, avait tout mangé avec un plaisir non dissimulé pour ensuite, ivre de fatigue, plonger, heureuse et ravie, dans une agréable somnolence.

Elle s'était réveillée après une courte sieste. Et alors, la seule perspective de refaire le même chemin lui avait paru au-dessus de ses forces. Ce qu'elle souhaitait, c'était coucher dans cette charmante demeure. Le pouvait-elle ?

La petite bossue lui avait répondu que la maison était tout juste assez grande pour abriter son frère et

---

1. Gabrielle Roy, *La détresse et l'enchantement*, Montréal, Boréal, 1984, p. 372. Le titre apparaîtra dorénavant sous l'abréviation *Détresse*.

elle. Elle tenait cependant à la rassurer : elle savait où la visiteuse trouverait un refuge pour y passer la nuit.

«Ce n'est pas très loin, lui avait-elle dit, un mille[1] à peine. Là, vous arriverez dans le petit village d'Upshire. Cherchez Century Cottage. Quand vous l'aurez trouvé, demandez Mme Esther Perfect. Vous lui direz que c'est Felicity qui vous envoie.»

Et Gabrielle était repartie, déjà épuisée, espérant que cette marche ne serait pas trop longue.

C'est avec une joie évidente qu'elle avait enfin touché au but. La maison était aussi belle que celle de Mlle Felicity, mais plus imposante. Le décor était aussi enchanteur : des fleurs couraient partout et, là aussi, les abeilles bourdonnaient. Et c'est avec une certaine angoisse que Gabrielle avait frappé le heurtoir contre la porte. S'il fallait qu'il n'y ait pas de place libre… Que ferait-elle ? Elle n'osait envisager une telle possibilité. Il faut qu'elle me dise oui, avait-elle pensé…

Une femme lui avait répondu. Elle paraissait sévère dans son accoutrement, comme le sont parfois les Anglaises, mais il y avait dans ses yeux et dans son attitude quelque chose qui avait rassuré Gabrielle.

À peine avait-elle ouvert la bouche pour demander, pitoyable, l'hospitalité que Miss Perfect la prenait sous son aile comme un chaton abandonné. Par la suite, tout s'était déroulé comme dans un rêve, la rencontre avec Father Perfect — ainsi nommé par Gabrielle —, puis la conversation, le goûter et finalement le coucher dans une chambre qui était exactement à l'image de ce que Gabrielle avait rêvé : un lit de

---

1. Un mille équivaut à 1,6 km.

cuivre, de petits rideaux de dentelle, l'âtre où allumer un feu en cas de nécessité et la table de toilette avec la petite cuvette pour l'eau. Comble de bonheur : deux grandes fenêtres donnaient sur la magnifique plaine plus bas. « C'était ravissant, beau comme vous ne pouvez pas l'imaginer. J'ai vécu là ce qu'il est convenu d'appeler le bonheur, car cette femme m'avait spontanément adoptée. J'étais devenue son enfant retrouvée.

» J'étais jeune à l'époque et, disons-le, assez jolie. J'avais tout pour plaire. Voyez maintenant de quoi j'ai l'air, me souffla-t-elle, non sans une certaine coquetterie. À vrai dire, j'ai toujours été charmeuse. On me l'a assez reproché — et je vis alors son visage s'assombrir — pour que je puisse aujourd'hui m'attribuer cette qualité.

» Je fus donc traitée comme une reine chez Miss Perfect. Et c'est naturellement que j'ai résolu quelque temps plus tard de m'y installer à demeure en me disant que, là, je pourrais me consacrer totalement à l'écriture. C'est du reste dans cette maison que j'ai appris que *Je suis partout*, l'un des hebdomadaires parisiens les plus prestigieux, allait publier trois de mes articles. J'étais aux anges. Ironiquement, c'est à ce moment-là que j'ai décidé que j'écrirais dorénavant en français. Jusque-là, j'avais passablement hésité. Je pouvais écrire dans les deux langues car j'avais appris l'anglais par nécessité, le programme scolaire de la province du Manitoba nous obligeant à maîtriser parfaitement cette langue. Le français n'était pas admis comme langue officielle d'éducation même s'il était enseigné à l'Académie Saint-Joseph que dirigeaient les sœurs des Saints-Noms de Jésus et de Marie à Saint-Boniface.

» Quand j'ai su que mes écrits avaient plu à un éditeur français, mon bonheur était total. Le fait que mes textes avaient été choisis me laissait croire que je devais posséder une maîtrise certaine de la langue française. Je ne vous le cacherai pas, me confia-t-elle, pour moi c'était une consécration. À partir de ce moment, mon idée était faite. J'écrirais en français. Je n'ai jamais regretté ma décision. Du reste, j'ai toujours eu le sentiment que j'aurais été moins près de mes racines profondes si j'avais écrit en anglais. Quand je m'y essayais, à tout coup il me semblait que c'était un jeu, que ce n'était pas sérieux. La langue anglaise était en dehors de moi, pas en moi.

» Je me trompe peut-être. Qui sait si je n'aurais pas pu réussir dans la langue de Shakespeare ? De toute façon, on ne peut jamais revenir sur le passé, n'est-ce pas ? Surtout à l'âge que j'ai », me confia-t-elle, toujours avec son air charmeur.

J'étais d'accord avec elle pour dire qu'on ne peut jamais refaire le passé. Je venais d'en vivre la pénible expérience. En vérité, j'aurais approuvé Gabrielle Roy en tout, trop heureux de constater qu'elle retrouvait un certain entrain. Et quand j'y repense maintenant, je me demande si Gabrielle Roy ne me racontait pas ces choses uniquement pour faire diversion, pour calmer l'angoisse qui l'étreignait à ce moment-là. Car ce qu'elle voulait me révéler était à ses yeux autrement plus important que le rappel des femmes qui l'avaient maternée.

Elle poursuivit malgré tout sur sa lancée, toujours de cette voix douce et quasi confidentielle. Elle s'étonnait, disait-elle, d'avoir presque toujours été sous la tutelle d'anglophones. Après Miss Perfect, il y avait eu Miss MacLean chez qui elle avait loué une chambre à Montréal quand elle était revenue d'Europe. Elle avait alors décidé de tenter sa chance dans la métropole. Cette décision n'avait pas été prise sans douleur. Pour la deuxième fois, elle abandonnait sa mère veuve à Saint-Boniface. Mais que pouvait-elle y faire? Elle avait une vie à vivre, se justifia-t-elle, et ne pouvait rester toute son existence accrochée à la jupe de sa mère. Et puis, Saint-Boniface était loin d'être le centre du monde. Comment y aurait-elle gagné son pain comme journaliste? C'était impensable. Or l'idée de retourner à l'enseignement avait été rayée de ses plans.

À l'écouter parler, je voyais bien que l'évocation de son choix de ne pas revenir à Saint-Boniface lui déplaisait infiniment. Les rapports de Gabrielle Roy avec sa mère la brûlaient comme un fer rouge, mais, là encore, elle ne voulait pas en parler avec moi. C'était trop intime.

Elle bifurqua donc sur sa logeuse montréalaise. «Miss MacLean ne pouvait en rien rivaliser avec Miss Perfect avec laquelle je suis restée en contact jusqu'à sa mort, mais c'était tout de même une femme charmante. C'est elle qui m'a permis de me sentir chez moi à Montréal. En m'offrant le gîte, mais surtout en me manifestant une affection dont j'avais grandement besoin, elle me permettait de me sentir plus à l'aise dans une ville qui m'était totalement étrangère. Et puis, je retrouvais un peu de mon chez-moi dans ce milieu bilingue.

»J'habitais sur le boulevard Dorchester, côté nord. Au numéro 4059, si je me souviens bien. Ce n'était pas ce qu'on connaît maintenant. Dans les années quarante, le quartier était absolument charmant. C'était à l'orée de Westmount. Il y avait beaucoup de verdure. On entendait constamment le chant des oiseaux. Les écureuils se poursuivaient à qui mieux mieux dans une course erratique et amusante.

» À l'ouest, il y avait le parc Westmount. À l'est, le domaine des sœurs de la congrégation de Notre-Dame qui y avaient fait bâtir leur couvent, mais qui y tenaient aussi une ferme. C'était un peu la campagne, un peu la ville en même temps. Et cela me plaisait vraiment…

» Peut-être ne le savez-vous pas, mais c'est dans cette chambre que j'ai commencé à rédiger *Bonheur d'occasion* au cours du printemps de 1941. Bien sûr, j'ignorais que ce livre allait bouleverser ma vie et me procurer une gloire à laquelle j'avais beaucoup rêvé, mais qu'il m'apporterait aussi beaucoup de souffrances.»

Comme cela lui était arrivé à quelques reprises depuis le début de notre conversation, elle arrêta de parler durant quelques secondes. Puis, un peu triste, elle poursuivit :

« Si c'était à refaire, je ne sais pas si je recommencerais… Et puis non. J'ai toujours voulu devenir écrivain. Il se trouve seulement que le succès que j'ai connu — et qui me revient après m'avoir fuie pendant plusieurs années — m'a apporté son lot de déceptions. La mesquinerie est le propre des humains. Elle peut être terrible.»

Elle semblait hésiter sur ce qu'elle allait me dire. Il m'apparut de nouveau que les propos qu'elle me tenait ne couraient sur ses lèvres que pour meubler la conversation. Elle brûlait de m'entretenir d'une question autrement plus importante, mais elle n'osait décidément pas l'aborder. Pour la énième fois, elle hésitait, ne sachant si elle devait dévier de son sujet. Était-ce de la pudeur ? Craignait-elle de m'avouer quelque chose qu'elle regretterait par la suite ? Je n'en savais rien. Je voyais seulement qu'elle voulait me faire des confidences, mais qu'elle n'y arrivait pas. Elle poursuivit donc sur la question des femmes-mères.

« J'ai pris l'habitude d'aller passer mes vacances à Rawdon pendant le temps des fêtes. J'y avais déniché un charmant cottage tout en bois, rond comme un gros pain d'épice, situé tout près d'une petite rivière. Dès ma première visite, j'avais eu le coup de foudre pour ce couple d'Irlandais, les Tinkler, avec lequel je m'entendais à merveille. J'avais ma chambre à l'étage. Pas très chaude, je dois l'avouer, car Mme Tinkler était plutôt chiche sur le chauffage ! Heureusement que M. Tinkler faisait preuve de plus de générosité, sinon je serais peut-être morte de froid ! J'exagère, bien sûr. En fait, il se trouve seulement que la chambre était parfois mal chauffée. J'ai longtemps écrit au lit. Je me recouvrais donc des pieds jusqu'au cou dans l'attente d'une bouffée de chaleur venue du poêle à bois. Quoi qu'il en soit, j'y ai passé des moments très agréables. Les Tinkler respectaient sans rechigner mes horaires. Je pouvais donc travailler le nombre d'heures qui me plaisait, puis demander que mon dîner soit servi quand j'avais terminé. Pour eux, j'étais d'une classe à part : j'écrivais. Ils avaient le plus grand respect pour mon travail. J'appartenais à cette espèce rare qui crée des univers imaginaires avec des mots. Chaque fois que je

leur montrais un de mes articles, ils restaient bouche
bée et admiratifs.

» À cette époque, je travaillais non seulement à la
rédaction de *Bonheur d'occasion*, mais au *Bulletin des
agriculteurs*, revue pour laquelle je faisais des reportages. J'ai été collaboratrice pour le *Bulletin* de 1941 à
1945. Ce fut un temps heureux pour moi… »

Elle n'en dit pas plus long sur cette période, pré-
férant continuer de me parler des femmes qui l'avaient
toujours accueillie à bras ouverts.

Elle poursuivit donc son soliloque, embrayant
cette fois-ci sur les McKenzie de Port-Daniel. Je ne
sais si Gabrielle s'en rendit compte, mais l'histoire de
sa rencontre avec Bertha McKenzie, telle qu'elle me la
raconta, ressemblait étrangement à celle de Miss
Perfect. Il y avait bien sûr d'énormes différences qui
tenaient essentiellement à leurs lieux de résidence res-
pectifs. Century Cottage renvoyait à un paysage
typique de l'Angleterre, alors que Port-Daniel se situait
en Gaspésie, lieu de la nudité et des grands vents
qu'apporte la mer. C'étaient donc deux décors dia-
métralement opposés, mais, pour le reste, la rencontre
avec les deux femmes s'était déroulée dans des circonstances, ma foi, presque identiques.

Cette fois, ce n'était pas dans un autocar que le
destin de Gabrielle s'était joué, mais dans le train. Là
aussi, semble-t-il, le conducteur autant que les passagers s'étaient mis de la partie, cherchant tous à lui
dénicher un endroit qui lui plairait infiniment. De la
même façon que Wake Arms s'était spontanément imposé à Gabrielle, voici que, en apercevant une grande
maison blanche qui faisait face à la mer dans la baie de

Port-Daniel, elle avait su d'emblée que c'était là que devait s'arrêter son long périple en train.

Les hasards étant souvent heureux chez Gabrielle Roy, il se trouva que la maison blanche, entrevue à travers la vitre du train, était bel et bien une «maison de chambres» tenue par un vieux couple du nom de Bertha et Irving McKenzie. Ce qui devait arriver arriva: à peine s'était-elle présentée que l'imposante Bertha se pliait à toutes ses demandes. Ainsi, Gabrielle logea dans la plus belle chambre de la maison même si elle ne pouvait payer que le prix de la plus modeste. Cette chambre, avec sa vieille berceuse, sa commode ancienne, son plancher aux larges planches de pin peintes en jaune et ses deux fenêtres donnant sur la baie, Gabrielle l'avait choisie dès qu'elle l'avait visitée. Bien sûr, Bertha avait bougonné, mais Gabrielle était ainsi faite qu'elle mettait dans sa poche tous ceux qui n'étaient pas prémunis contre ses charmes!

Comme on peut s'y attendre, Bertha et Irving se prirent d'une grande affection pour Gabrielle. Ils n'avaient d'yeux et de pensées que pour elle. En un tournemain, Gabrielle était devenue leur petite princesse qu'ils servaient presque comme des valets.

Il est des êtres qui ont une telle nature que leur donner du plaisir nous en procure autant qu'à eux. Pourquoi en est-il ainsi? Difficile à dire. Il se trouve seulement qu'il se dégage de ces personnes élues des dieux une aura qui nous les rend immédiatement sympathiques. Gabrielle appartenait à cette catégorie privilégiée d'êtres qui sont spontanément adorés et qui suscitent aussi — la loi des contraires est universelle! — une intense jalousie.

Dernière née d'une nombreuse famille, son père l'avait gratifiée du nom de «Petite Misère». De fait, chétive et malingre, elle était née à un moment où Léon Roy, déjà dans la soixantaine, sentait ses forces décliner. Il redoutait que sa petite dernière n'eût un jour à en souffrir.

Il avait en partie raison. Il ignorait par contre que Gabrielle ne serait jamais dans la misère, qu'elle recevrait une affection quasi démesurée de la part de Mélina, sa mère, et que ses frères et sœurs (en réalité ses sœurs plus que ses frères) se dépenseraient sans compter pour venir en aide à Gabrielle et à leur mère. Ainsi, Adèle et Anna, dès qu'elles commencèrent à enseigner, employèrent une partie de leur maigre salaire pour subvenir à leurs besoins. Elles voulaient alléger les inquiétudes de leur mère, presque sans ressources depuis que Léon Roy avait été remercié, lui qui avait servi loyalement pendant dix-huit ans le gouvernement du Canada. Terrible nouvelle pour lui, car le congédiement avait eu lieu le 7 octobre 1915, quelques semaines avant ses soixante-cinq ans. Du même coup, il perdait tout droit de réclamer une pension!

Ce congédiement *in extremis*, c'était une manière de punir ce fonctionnaire qui avait toujours soutenu le libéral Wilfrid Laurier au détriment du conservateur Robert Borden, lequel avait pris le pouvoir quelques années auparavant.

La famille, qui avait vécu assez chichement jusque-là, se retrouva dans une quasi-misère. Anna et Adèle se sentaient dans l'obligation d'aider leur mère. Elles firent donc leur part, peu importe ce qu'il leur en coûtait.

Or vint le jour où Gabrielle Roy — qui avait presque atteint la quarantaine — connut non seulement la gloire, mais aussi la fortune avec *Bonheur d'occasion*. Dans la famille, on s'attendait donc à un retour de l'ascenseur. Il ne vint pas, du moins pas de la façon dont on l'espérait. La déception fut grande, immense même…

Et c'était de cela que Gabrielle voulait m'entretenir. Elle savait que je côtoyais de près le monde de l'édition et que, de ce fait, je pouvais la renseigner sur les tenants et aboutissants de ce qui la préoccupait. Les mots lui brûlaient les lèvres. Pourtant, elle n'arrivait pas à les prononcer.

Il le fallait pourtant, car c'était la seule raison pour laquelle elle m'avait gardé auprès d'elle. On lui avait appris une chose terrible qui la concernait, elle et sa famille. Cette nouvelle l'avait jetée dans le plus grand désarroi. Elle n'en dormait plus.

Alors, après avoir retenu jusqu'à la limite de sa résistance la question qui lui tordait l'estomac, elle osa enfin la poser :

« Êtes-vous au courant du livre que s'apprête à publier ma sœur ? »

Je l'étais !

Adèle (21 ans),
Gabrielle (5 ans)
et Bernadette (16 ans).
«Même Bernadette, dite
Bédette, qui avait pris le
voile sous le nom de sœur
Léon, n'y échappait pas.
Aux yeux d'Adèle, la
conduite de Bédette était
injustifiable.» (p. 41)

Mélina Roy
et sa fille Gabrielle.
«Cette mère veut tout
donner à sa fille tout
simplement parce qu'elle
l'aime. Elle est même prête
à connaître la misère. Ce
que nous en retenons, c'est
la noblesse des sentiments
de Mélina, sa grandeur
d'âme.» (p. 44)

2

L'ombre maléfique d'Adèle

Oh! la grande pénurie d'argent de nos
parents, leurs terribles soucis, leurs
angoisses.

Lettre d'Anna Roy
à sa sœur Adèle

À titre d'adjoint du directeur de la revue *Lettres
québécoises*, j'étais souvent en contact avec les
directeurs littéraires, ne fût-ce que pour connaître les
futures parutions.

Inutile de dire que j'avais entendu parler de ce
livre signé par Marie-Anna A. Roy. Je ne fus donc
aucunement surpris — bien que cela me mît un peu
mal à l'aise — quand Gabrielle Roy me demanda si

j'étais au courant de la publication prochaine du récit autobiographique de sa sœur. Je comprenais enfin pourquoi elle m'avait retenu chez elle.

Après avoir hésité un court instant, je répondis que je savais que Marie-Anna A. Roy, sa sœur, avait remis à Gilbert La Rocque[1], directeur littéraire chez Québec Amérique, un récit de la famille de Gabrielle Roy.

Gabrielle Roy me précisa que sa sœur ne s'appelait pas Marie-Anna A. Roy mais plutôt Adèle et que c'était sans doute pour se montrer encore plus méchante qu'elle avait adopté ce nom de plume : de cette façon, elle endossait aussi l'identité de sa sœur Anna avec laquelle Gabrielle était en froid. Comme si, au fond, l'attaque venait des deux sœurs.

Gabrielle Roy se tordait les mains d'angoisse. Elle savait que Gérard Bessette[2] était l'instigateur de cette publication. C'était lui, en effet, qui avait rencontré Adèle pour lui demander de lui remettre son récit. Gabrielle ne portait vraiment pas cet homme dans son cœur.

En vérité, elle était convaincue qu'il s'acharnait à salir sa réputation. N'avait-il pas lui-même écrit des insanités sur elle sous prétexte de faire de la psycho-critique, cette méthode d'analyse de texte fondée sur la

1. Gilbert La Rocque, romancier et polémiste, était directeur littéraire chez Québec Amérique en 1976. En 1984, à l'âge de quarante et un ans, il était terrassé par une embolie cérébrale. Pour plus d'informations, veuillez consulter le site de l'Union des écrivaines et des écrivains québécois (www.uneq.qc.ca).
2. Gérard Bessette, romancier et essayiste. Auteur de *La bagarre* et de plusieurs autres romans et essais. Pour plus d'informations, veuillez consulter le site de l'Union des écrivaines et des écrivains québécois (www.uneq.qc.ca).

psychanalyse qui n'avait pour but que de dévoiler les secrets les plus intimes des écrivains ? Et si, au moins, Bessette avait dit la vérité à son sujet ! Mais on était loin du compte.

Quoi qu'il en soit, Gérard Bessette était effectivement tout excité par la découverte [1] de ce manuscrit signé du nom de Marie-Anna A. Roy, car le portrait de Gabrielle Roy tracé par sa sœur était sans pitié.

Ce genre d'écrits plaisait à Gérard Bessette. Il affectionnait les racontars. C'était du reste souvent sur la base de ceux-ci qu'il élaborait ses propres romans. Il s'ingéniait à mettre en scène des personnages-écrivains que tous les lecteurs pouvaient reconnaître sans peine. Il transformait leur nom avec un plaisir presque puéril, leur donnant un sens parfois injurieux ou encore scatologique. C'était sa façon de s'amuser aux dépens de ses collègues.

Cela ne l'empêchait pas de signer des romans excellents, souvent remarquables, mais il ne pouvait résister au plaisir du coup de griffe assassin comme s'il éprouvait l'irrépressible besoin de renverser les statues de ses idoles. En fait, Bessette était foncièrement iconoclaste. Cet aspect de sa personnalité n'était pas celui que j'aimais le plus.

J'avoue que l'idée de la publication de ce livre signé par Adèle ne me plaisait guère. Pourquoi laver le

---

1. Le manuscrit avait été déposé, en 1967, au Centre de documentation de l'Université de Montréal, dirigé par Réginald Hamel, faute d'avoir trouvé un éditeur. En 1969, M. Hamel dut retirer le manuscrit de son Centre de documentation, à la suite de l'intervention de M. Victor Barbeau auprès de M. René de Chantal, doyen de la Faculté des lettres de l'Université de Montréal.

linge sale de la famille Roy sur la place publique? Cela me paraissait ridicule et de peu d'importance pour la véritable histoire littéraire, celle qui s'attarde à l'étude des grands auteurs pour en tirer des leçons de vie. Est-il si nécessaire, me disais-je, que l'on sache tous les travers des écrivains? Plutôt que de lire le récit de ces mesquineries, il m'importait infiniment plus de savoir que, malgré les vicissitudes de la vie, ces écrivains avaient réussi à construire des univers imaginaires qui me bouleversaient. Le reste n'était que commérages.

C'est donc avec ces pensées en tête que j'avais lu le manuscrit de Marie-Anna A. Roy intitulé *Le miroir du passé*[1]. Gilbert La Rocque m'en avait procuré une photocopie. La lecture avait confirmé mes appréhensions. Ce livre était d'une valeur littéraire nulle. Marie-Anna A. Roy n'avait décidément pas le talent de sa sœur. Elle écrivait dans une langue guindée, engoncée dans les formules toutes faites. Incontestablement, un piètre exercice scolaire.

Et si, au moins, il y avait eu une certaine profondeur, on aurait pu pardonner la rigidité du style. Mais il n'était question que d'argent dans ce récit de 288 pages.

Que les Roy eussent dû faire face à la pauvreté, je voulais bien en convenir, mais d'entendre toujours la même rengaine devenait lassant, irritant même. Surtout qu'Adèle[2] se donnait trop souvent le beau rôle. À

---

1. Marie-Anna A. Roy, *Le miroir du passé*, Montréal, Québec/Amérique, 1979, 288 p. Le titre apparaîtra dorénavant sous l'abréviation *Miroir*.
2. Pour éviter la confusion des noms, j'utiliserai le nom d'Adèle plutôt que celui de Marie-Anna A.

la lire, on avait l'impression qu'elle était la seule à savoir ce que signifiait le mot «générosité». Tous les autres membres de la famille étaient décrits sans pitié. Les portraits étaient à ce point terribles que j'en vins à la conclusion qu'Adèle devait être une femme passablement mesquine et frustrée pour en arriver toujours au même constat.

Ainsi, à part le père, adoré par Adèle, et considéré comme la victime d'une femme ingrate et celle aussi d'enfants sans-cœur, tous les autres membres de la famille y étaient peints sous leur plus mauvais jour. Adèle se faisait un plaisir de montrer les bassesses des uns et des autres. Même Bernadette, dite Bédette, qui avait pris le voile sous le nom de sœur Léon, n'y échappait pas. Aux yeux d'Adèle, la conduite de Bédette était injustifiable. En donnant la priorité à sa vocation religieuse, elle avait agi de la manière la plus égoïste. Que sa mère eût été sans ressources ne l'avait pas empêchée de quitter l'enseignement et d'entrer au couvent, se délestant ainsi d'une pension dont sa mère avait impérieusement besoin.

Mais elle n'était pas la seule. Anna — la vraie — avait droit aux foudres d'Adèle à plusieurs endroits dans le livre. Adèle la décrivait non seulement comme une femme insupportable et acariâtre, mais aussi comme un monstre, particulièrement à l'époque où Anna était locataire de la maison de sa mère.

Quant à ses deux frères, Germain et Rodolphe, c'étaient carrément des irresponsables. Les deux étaient vite devenus des esclaves de la bouteille. Pire encore : Germain était voleur, et ce, depuis l'enfance ! Bien sûr, Adèle avait eu souvent à souffrir de leur comportement, elle qui — elle le soulignait à gros traits! — leur avait pourtant prêté de l'argent plus d'une fois.

La seule qui semblait trouver grâce à ses yeux, c'était Clémence. Était-ce parce qu'elle était intellectuellement diminuée (Adèle n'utilisait jamais ce terme pour la décrire)? C'est probable: retardée, infantile, dépendante financièrement de sa mère et de ses sœurs, Clémence était apparemment incapable de véritables méchancetés.

Mais la plus écorchée, c'était sans conteste Gabrielle, la petite dernière, la capricieuse, l'enfant gâtée, la nerveuse, l'égoïste, la «névropathe[1]». Et c'est avec une hargne non rentrée qu'Adèle racontait les frasques de sa sœur qui, à coups de minauderies, obtenait tout de sa mère, y compris l'impossible. Car il suffisait que Gabrielle eût un désir en tête pour qu'il fût réalisé. Elle ne supportait aucun délai, aucun refus. La mère de Gabrielle, hypnotisée par le charme de son enfant, faisait souvent des gestes qu'elle regrettait amèrement par la suite. Entre autres, celui de détourner au profit de sa fille l'argent donné par son mari pour payer des comptes en souffrance (ils étaient nombreux, au dire d'Adèle).

Et en même temps que s'élaborait le portrait détestable de Gabrielle, on avait droit aux remarques blessantes d'Adèle sur sa mère, cet être fantasque qui avait transmis sa tare à sa fille. Car non seulement Mme Roy «manquait d'énergie, d'ordre, de prévoyance et de sagesse[2]», était incapable de gérer son budget,

---

1. Marie-Anna A. Roy, *Miroir*, p. 143.
2. *Ibid.*, p. 117.

empruntait à gauche et à droite, dépensait à tort et à travers, mais elle «avait une forte tendance à déformer les objets et les faits. Tantôt, elle les grossissait, tantôt, elle les minimisait; tantôt, elle embellissait la réalité, ou bien elle la décolorait[1]». Pas étonnant alors que Gabrielle ait hérité des défauts de sa mère, générosité en moins!

Gabrielle Roy avait raison de s'inquiéter de la parution de ce livre: le tableau de la famille avait quelque chose d'infiniment petit et ne correspondait nullement à l'image qu'elle voulait transmettre à la postérité, elle qui s'était attelée à la rédaction de *La détresse et l'enchantement* plusieurs années plus tôt.

Cette autobiographie, qui allait connaître un succès retentissant, quasi aussi important que celui de *Bonheur d'occasion*, ne minimisait en rien les difficultés financières auxquelles faisait face la famille Roy, mais la manière de les dire était aux antipodes du ton récriminateur d'Adèle. Les faits étaient les mêmes; le regard, lui, était absolument différent. Gabrielle voyait les choses dans le sens de l'amour; Adèle, avec un mouvement de hargne, malgré les allusions constantes à la charité chrétienne.

Et puis, il était clair que Gabrielle était une conteuse autrement plus talentueuse que sa sœur, si bien que, sous sa plume, chaque événement prenait valeur d'un récit dramatisé.

Pour s'en convaincre, il suffit de comparer la manière dont les deux femmes racontent l'opération de l'appendicite que subit Gabrielle. La chirurgie coûte

---

1. *Ibid.*, p. 55.

100 $. Une fortune pour le maigre budget de Mélina. Pourtant, Gabrielle ne renonce pas à ses leçons de piano, pas plus qu'elle ne refuse le manteau neuf garni d'astrakan que lui a promis sa mère si elle guérit vite[1].

Dans le récit d'Adèle, cet événement montre à l'évidence que Gabrielle ne pense qu'à elle, qu'elle n'a aucune considération pour le désarroi dans lequel elle plonge Mélina. Gabrielle est une fieffée égoïste, conclut-elle.

Le même événement, raconté par Gabrielle Roy, prend une tout autre allure. Ce n'est pas tant l'égoïsme évident de Gabrielle qui est monté en épingle que l'abnégation et le bel entêtement dont sa mère fait preuve. Cette mère veut tout donner à sa fille tout simplement parce qu'elle l'aime. Elle est même prête à connaître la misère. Ce que nous en retenons, c'est la noblesse des sentiments de Mélina, sa grandeur d'âme.

On peut imaginer le grand désarroi de Gabrielle Roy, absolument affolée par la parution de ce livre qui, à ses yeux, détruisait un univers qu'elle construisait patiemment depuis plusieurs années. C'était son testament littéraire. Ce portrait de famille dirait les choses telles qu'elles s'étaient passées, mais, au sortir de ce récit, le lecteur en garderait un souvenir nostalgique, sinon heureux. Il fallait qu'au delà des désillusions et des frustrations se dégageât la certitude que tout n'était pas perdu, que la souffrance était toujours supportable s'il y avait devant et derrière elle la présence d'un certain bonheur : « Nous y avons mangé plus souvent de la galette de

---

1. Voir Gabrielle Roy, *Détresse*, p. 33-34.

sarrasin que du pain blanc, nous confie Gabrielle Roy dans son livre, mais je pense y avoir été heureuse[1].»

Ce que Gabrielle voulait surtout illustrer, c'était sa volonté de s'en sortir, quitte à décrire abondamment la misère des siens tout autant, du reste, que celle de la lignée des Roy et des Landry (la famille de sa mère), pour créer une œuvre d'art qui traverserait le temps et donnerait à cette poignante détresse un indéniable air de beauté.

Ce projet, il avait pris naissance dans son enfance quand sa mère lui racontait l'éternelle infortune qui l'avait pourchassée toute sa vie : «À bout de forces, je n'en poursuivais pas moins ma petite idée qu'un jour je la vengerais. Je vengerais aussi mon père et ceux de Beaumont, et ceux de Saint-Jacques-de-l'Achigan et, avant eux, ceux du Connecticut. Je m'en allais loin dans le passé chercher la misère dont j'étais issue, et je m'en faisais une volonté qui parvenait à me faire avancer[2].»

La publication du *Miroir du passé* signé par sa sœur brisait du coup le message d'espoir qu'elle voulait transmettre à ses lecteurs. Son récit était la pure négation du sien. Il disait la hargne et le désespoir. Il montrait le visage hideux de sa famille. Il affirmait surtout que jamais les rayons de soleil n'avaient pénétré à l'intérieur de la demeure des Roy, comme si le destin n'avait cessé de s'acharner contre eux. C'était sans issue, sauf peut-être pour Gabrielle qui, elle, s'en était glorieusement sortie. Mais cette gloire n'avait pas fait naître en elle la générosité qui lui avait toujours

1. Gabrielle Roy, *Détresse*, p. 27.
2. Gabrielle Roy, *Détresse*, p. 30.

manqué : elle n'avait rien fait pour sortir les siens de la misère !

Bien sûr, ces accusations étaient exagérées. Gabrielle Roy, dès qu'elle avait eu un peu d'argent, s'était fait un devoir d'en expédier à sa mère et à sa sœur Clémence. Plus tard, devenue riche, elle envoyait assez fréquemment de l'argent à ses frères et sœurs, mais le problème n'était pas réglé pour autant : Adèle aurait voulu que Gabrielle partageât sa fortune avec les autres membres de la famille, ce qui était impensable pour Gabrielle, son insécurité foncière la rendant inapte à envisager une telle solution. Et puis, il y a une limite à la générosité. Pourquoi aurait-elle réparti ses gains en parts égales entre les membres de sa famille ? C'était à proprement parler insensé.

Les gens sont ainsi faits qu'ils sont insatiables. Adèle croyait avoir des droits sur cette manne fortuite : n'était-ce pas elle et toute la famille qui avaient permis à Gabrielle de mener de brillantes études et de les poursuivre même en Europe ? Que serait-elle devenue sans leur soutien ?

Quoi qu'il en soit, Gabrielle se sentait coupable. Elle n'oubliait pas qu'elle avait abandonné sa mère pour suivre les voies de sa destinée et, malgré toutes les dénégations qu'elle s'inventait, elle n'arrivait pas à se convaincre de son absolue bonne foi. Le livre d'Adèle était comme un fer rouge qui la brûlait littéralement. Voilà pourquoi elle était prête à tout pour en empêcher la publication.

De fait, elle avait entrepris des démarches auprès de plusieurs personnes influentes pour convaincre l'éditeur de revenir sur sa décision. Elle avait supplié

Alain Stanké de faire pression sur Jacques Fortin, le propriétaire des Éditions Québec Amérique, mais peine perdue. En désespoir de cause, elle avait enjoint François Ricard de convaincre les franciscains d'intervenir auprès d'Adèle pour la raisonner. Là aussi, la démarche avait été vaine.

Peut-être pourrais-je faire quelque chose, me susurra-t-elle dans l'espoir que j'acquiescerais à sa demande.

J'étais très embêté. Je connaissais trop bien Gilbert La Rocque pour ne pas savoir que mes prières ne seraient d'aucun effet sur lui. Par gentillesse, je promis à Gabrielle Roy de faire l'impossible pour mettre un frein à ce projet d'édition que je trouvais moi aussi détestable. Je la rassurai en lui disant que je la tiendrais au courant des résultats de mes démarches et que je serais l'homme le plus heureux du monde si je parvenais à renvoyer la publication de ce livre aux calendes grecques. Dans le fin fond de moi-même, je savais que toutes ces paroles n'avaient pour but que de la rassurer et, du même coup, de me rendre agréable à elle.

Si Alain Stanké avait échoué, comment pourrais-je avoir gain de cause, moi qui étais loin d'être un intime de La Rocque ? Cela importait peu pour Gabrielle Roy, car de savoir que j'intercéderais pour elle lui laissait entrevoir une lueur d'espoir. Qui sait, après tout, un miracle pouvait toujours se produire.

Rassurée par ma promesse, Gabrielle Roy me signifia bientôt mon congé en me laissant entendre qu'elle était à bout de forces et qu'il lui fallait se reposer. Je me levai, lui serrai la main encore une fois avant de me diriger vers mon auto.

Au moment où je m'apprêtais à ouvrir la portière, j'entendis distinctement la voix de Gabrielle qui m'interpellait. Je me retournai et prêtai l'oreille. Gabrielle Roy avait, semble-t-il, changé d'idée.

« J'ai une bouteille de vin que j'ai reçue en cadeau. Cela vous dirait de prendre l'apéro avec moi ? »

Surpris par sa demande, je ne savais trop quoi répondre. Il me semblait que j'avais eu ma part de déplaisir ce jour-là. J'aspirais au repos. La vérité est que j'aurais volontiers filé n'importe où ailleurs, trop heureux d'échapper à mon angoisse et à ma culpabilité.

S'était-elle rendu compte de mon hésitation ? Elle se fit plus pressante. Pouvais-je lui rendre ce service ? Elle se sentait si seule qu'elle avait impérieusement besoin d'une présence humaine.

« Ce moment de la journée entre chien et loup m'angoisse terriblement », me confia-t-elle.

Moi, au contraire, il me remplissait d'aise. Le soleil coulait à pic dans le fleuve, projetant une ombre rose qui éclaboussait tout l'horizon. S'il est vrai que le temps s'était rafraîchi, la nature, elle, y avait gagné en beauté. On aurait dit que la lumière avait acquis une luminosité toute particulière et qu'elle donnait à la végétation une coloration nouvelle, inquiétante même. Les feuilles des arbres étaient soudain bordées d'un liséré noir qui leur conférait une surprenante intensité. Comme si elles laissaient voir une partie de leur âme. C'était fascinant.

Plus tard, la nuit recouvrirait tout. On pourrait alors y voir briller des yeux. Des bêtes sauvages quitteraient leur tanière. Débuterait une autre vie dont les humains n'ont qu'une vague idée. Une lutte pour la survie dans le monde des ténèbres. Des coups de griffe, des morsures. La mort aussi. La lutte pour la vie avec sa part de cruauté…

Je lui répondis que bien sûr j'acceptais de prendre l'apéro avec elle. J'étais velléitaire. Et puis, je voulais encore me faire pardonner.

De toute façon, pouvais-je me permettre de refuser ?

Marcel Carbotte, photo des finissants 1941.
« "Est-ce que vous connaissez mon mari, le Dr Marcel Carbotte ?"
Ses lèvres s'étaient pincées et la voix avait eu comme
une cassure au moment où elle m'interrogeait. » (p. 53)

3

Un lourd secret

> Et il me semble que, tant que nous
> serons ensemble, rien de vraiment grave,
> rien de vraiment malheureux ne peut
> nous atteindre.
>
> Lettre de Gabrielle Roy
> à Marcel Carbotte,
> *Mon cher grand fou*

La maison de Gabrielle Roy était meublée de la façon la plus simple. Un mobilier dépareillé dont le but était essentiellement utilitaire. Décidément, Gabrielle Roy n'était pas une femme d'intérieur. Elle ne l'avait jamais été et ne le serait jamais. De fait, elle n'invitait personne à la maison sinon pour le plaisir de l'amitié. Mondaine, elle ne l'était pas et cordon bleu, encore moins. Et si ce jour-là elle désirait partager un verre de vin avec moi, c'était parce qu'elle était dans un état tel qu'elle ne pouvait faire autrement.

À vrai dire, Gabrielle Roy était à la limite de ses forces. Elle ignorait, bien sûr, qu'un mois et demi plus tard, en fait vers la mi-octobre de cette difficile année 1979, le surmenage causé par la publication redoutée du livre de sa sœur, associé à sa santé de plus en plus fragile, allait se solder par un infarctus qui la terrasserait et l'obligerait à passer plus d'un mois à l'hôpital. D'une certaine façon, c'était le début de la fin pour elle. Gabrielle Roy était vraiment une femme usée. Sa capacité de créer en était même affectée. Chaque page lui coûtait des efforts inouïs. Viendrait même le temps où elle serait à peu près incapable d'écrire. Mais cela aussi, elle l'ignorait, tout occupée qu'elle était à élaborer un univers construit pièce à pièce dans la plus grande solitude et, sans doute aussi, dans la plus grande souffrance.

Et si au moins elle avait su que la parution du livre de sa sœur passerait presque inaperçue, peut-être aurait-elle vu les choses d'une tout autre façon ? Mais comment persuader une personne de l'insignifiance de certains événements quand elle croit dur comme fer qu'ils auront des répercussions dramatiques sur sa propre destinée ? La vie nous apprend que ce n'est pas l'acte lui-même qui compte, mais la valeur que nous lui accordons. Pour Gabrielle Roy, cette publication était une calamité. Elle allait ruiner sa carrière et sa vie. Elle en décuplait donc l'importance, ne se doutant pas que le public lui vouait une grande affection et qu'il regarderait ce piètre exercice d'Adèle comme un persiflage stérile.

Mais il y avait plus. Gabrielle Roy vivait d'autres tourments qui n'avaient rien à voir avec le livre d'Adèle. À vrai dire, ce n'était pas nouveau, mais l'extrême fatigue de Gabrielle Roy les rendait trop lourds à supporter, et c'est pourquoi ils lui causaient une souffrance innommable. Le malheur est qu'ils constituaient pour elle un secret inavouable. Jamais au grand jamais, elle ne pourrait en parler ouvertement à quiconque. C'était trop honteux pour être dit. Trop scandaleux aussi, mais ce secret l'obsédait. Ah ! si elle avait pu se délester de ce poids qui l'oppressait, mais c'était au-dessus de ses forces.

Ce jour-là pourtant, il lui fallait évacuer le trop-plein. Refuser d'ouvrir la soupape risquait de l'emporter. Elle osa me poser la question qui la taraudait.

« Est-ce que vous connaissez mon mari, le Dr Marcel Carbotte ? »

Ses lèvres s'étaient pincées et la voix avait eu comme une cassure au moment où elle m'interrogeait.

Que devais-je lui répondre ? Allais-je lui dire que je savais — sans avoir jamais vu le Dr Carbotte — des choses sur lui qu'elle ne voulait pas précisément que je sache ? J'étais dans une situation vraiment inconfortable.

Il se trouvait que j'avais eu, quelques mois auparavant, une conversation avec André Belleau, de regrettée mémoire, au cours de laquelle il m'avait lancé d'un air passablement mystérieux que Gabrielle Roy cachait un secret « inavouable » qui empoisonnait en quelque sorte son existence. J'étais curieux de connaître ce secret, mais il avait d'abord refusé de m'en apprendre plus, disant simplement que c'était

François Ricard qui lui avait fait part de cette information. « Tu sais, ajouta-t-il, François est en relation constante avec Gabrielle Roy. »

Quelle était la nature de ce secret ? En vérité, je n'en savais rien. J'avais beau échafauder des hypothèses, rien ne me paraissait justifier le ton quasi dramatique qu'avait adopté André Belleau lorsqu'il m'en avait parlé. Le cancer ? Je me perdais en conjectures.

Ce secret, je l'appris par Belleau lui-même un peu plus tard, concernait Marcel Carbotte. Il me confia, en exigeant que je garde le silence à ce sujet, que le mari de Gabrielle Roy était homosexuel et qu'il l'était depuis toujours !

De nos jours, une telle situation n'est pas nécessairement tragique pour celui ou celle qui la vit. Cependant, il importe de savoir qu'à l'époque où Gabrielle Roy avait fait la connaissance du Dr Marcel Carbotte, à la fin des années quarante, les mœurs n'avaient rien à voir avec celles qui nous régissent aujourd'hui. Être homosexuel en ce temps-là était une honte. C'était un comportement inadmissible que l'on jugeait contre nature. Toute personne qui était frappée de cette « maladie » devait la cacher comme si elle était contagieuse et mortelle.

La société des homosexuels était donc une société secrète. Chacun d'eux vivait dans la crainte constante d'être dénoncé et, par conséquent, d'être mis au ban de la société, peu importe le rôle qu'il y jouait. Toujours sur la corde raide, l'homophile vivait pour ainsi dire dangereusement, lui-même se percevant comme un fraudeur, un hors-la-loi, un criminel même.

S'il souffrait terriblement de son état, il éprouvait par contre le sentiment d'être très au-dessus du commun des mortels. Il était d'une race à part. Il appartenait à cette catégorie d'individus qui ne pouvaient communiquer leurs besoins et leurs désirs dans le langage de l'humaine condition sans risquer de se compromettre. Il leur fallait un code, une gestuelle, des signes convenus pour se faire entendre et établir de nouvelles relations avec un partenaire éventuel. Et ce n'était pas toujours facile. Parfois, le désir de l'autre, la passion devant sa beauté les incitaient à faire de regrettables pas en avant qui entraînaient des rebuffades ou, pire, la dénonciation tant redoutée. Pour l'homosexuel, chaque avance était comme un coup à la roulette russe. À la fois excitant et extrêmement dangereux…

La survie de l'homosexuel était, du reste, si risquée que, pour protéger ses arrières, il acceptait souvent de prendre épouse. Cela le couvrait en quelque sorte et lui servait souvent d'alibi. C'est ce qu'avait fait Marcel Carbotte, dans l'espoir sans doute aussi de contrer son inversion.

Quoi qu'il en soit, à la question que m'avait posée Gabrielle Roy, je pus sans problème répondre que, non, je ne connaissais pas le Dr Carbotte, qu'en fait je ne l'avais jamais vu, que je ne venais pas souvent dans la ville de Québec et qu'en conséquence je n'y connaissais à peu près personne sinon quelques auteurs et deux ou trois éditeurs.

Je vis son soulagement. Je compris aussi que, pour éviter une réponse qui aurait pu la dévaster, elle ne se risquât pas à me demander si je connaissais Marcel Carbotte de réputation. Elle préférait croire

55

que je ne savais rien de lui, comme je le lui avais laissé entendre.

Elle se sentit libre alors de me dire que son mari la préoccupait beaucoup. Les choses n'allaient pas bien entre eux deux, me confia-t-elle. Leurs relations, qui étaient souvent tendues, avaient pris ces derniers mois l'allure d'une véritable guérilla. Elle n'en pouvait plus. «Je suis à bout, me dit-elle. Ah! que j'aspire au repos. Décidément, cet homme me fera mourir. Il est si excessif. Il me rend folle. Il fait des gestes qu'il regrette aussitôt après, mais le mal est là. Il est médecin tout de même! Il devrait avoir un comportement à la hauteur de sa profession. Il agit encore comme un adolescent. À son âge! C'est vraiment ridicule. Ce serait si facile s'il ne se laissait pas porter par ses impulsions, mais rien à faire, ce qu'il désire, il l'obtient. Un vrai bébé gâté!»

S'exprimant de cette façon, elle pouvait laisser croire que son mari était un coureur de jupons. C'était moins grave à ses yeux que d'avouer qu'il courait après les garçons...

« Quant à moi, je suis la laissée-pour-compte, poursuivit-elle. Une dinde. Il me tuera à la fin. Vraiment, je n'en peux plus de lui! Ne voit-il donc pas que je suis épuisée?»

De fait, Gabrielle avait l'air vraiment d'une vieille femme en cette fin de journée, dans ce lieu dénudé. Et hargneuse aussi. Désespérée même. J'aurais voulu la prendre dans mes bras, lui dire qu'elle n'était pas responsable des actes d'autrui et qu'il ne servait à rien de se torturer l'esprit pour une personne qui, de toute façon, poursuivrait sa voie, quitte à ruiner sa vie. Mais je savais aussi que tout cela n'est que vain discours. L'attachement que nous portons aux autres est tel que nous prenons trop souvent sur nos épaules leur destinée. Nous souffrons plus qu'eux pour peu qu'ils nous tiennent vraiment à cœur. Combien de mères, combien de pères meurent de chagrin à cause d'un enfant trop aimé qui a mal tourné ou, pire encore, qui s'est suicidé?

Le problème, dans le cas du Dr Carbotte, c'est qu'il était rendu à un âge où il n'avait plus envie de cacher sa vraie nature. Il agissait donc en conséquence, au grand dam de Gabrielle. Il avait le pied agile et la main leste. Il s'affichait sans vergogne en poursuivant des jeunes hommes qui le repoussaient bien souvent.

Cela, Gabrielle Roy était totalement incapable de me le confier. Plutôt que de s'ouvrir à moi, elle préféra faire marche arrière, retourner dans le passé.

La volte-face était si radicale qu'elle me laissa perplexe. Peut-être s'était-elle sentie immensément coupable de s'épancher avec tant d'impudeur, elle qui, si elle avait été dans son état normal, n'aurait jamais agi ainsi. Peut-être voulait-elle aussi effacer la mauvaise impression qu'elle m'avait donnée de son mari ou encore se persuader qu'elle n'avait pas vécu en vain avec lui. Quoi qu'il en soit, c'est sur le ton de la plus grande admiration qu'elle me parla de lui:

«Si vous aviez connu, me dit-elle, le charme fou de cet homme...»

Et alors elle me raconta sa rencontre avec le Dr Carbotte au cours de l'été 1947 dans sa province natale du Manitoba.

Pour échapper à la tornade créée par la parution de *Bonheur d'occasion*, dont le succès l'avait laissée pantelante, Gabrielle Roy avait décidé de retrouver les siens.

« J'étais nerveusement épuisée. Et puis, le voyage me paraissait d'autant plus nécessaire que ma sœur Anna venait d'être opérée d'un cancer à l'intestin. Elle était en convalescence et on ne savait rien de l'issue de cette intervention. C'est chez elle, à Saint-Vital, dans sa petite maison de la Painchaudière, que je m'étais rendue.

» J'avais décidé de me rendre au Manitoba pour une autre raison : depuis la mort de ma mère, quatre ans auparavant, Clémence, ma sœur déficiente, avait été laissée pour ainsi dire à elle seule. Il fallait que je me rende sur place pour voir comment elle se débrouillait. De fait, quand je l'ai retrouvée, elle était dans un état si lamentable — à la fois physique et moral — que j'ai jugé urgent de la faire entrer à l'hôpital pour un examen général.

» De retour à Saint-Boniface, j'oubliai du coup l'immense brouhaha qu'avait engendré la publication de *Bonheur d'occasion*. De revoir les paysages de mon enfance, ce Manitoba qui m'avait façonnée, me faisait un bien immense. Ah ! que j'appréciais ce ressourcement. Dès mon arrivée, j'avais senti comme un énorme soulagement. Je me disais que j'aurais dû venir ici depuis longtemps. Évidemment, je n'avais pas prévu que les vexations viendraient tout aussi rapidement que les louanges !

» Il faut croire que le succès rend les autres jaloux. Ainsi, certains membres de la communauté de Saint-Boniface me reprochèrent d'avoir quitté les miens pour me la couler douce dans le grand Montréal. Je les regardais de haut, affirmaient-ils. Je n'étais plus des leurs. J'étais trop célèbre maintenant. Je les snobais. Les plus vieux, eux, trouvaient que j'étais bien impie d'avoir écrit un livre aussi peu chrétien que *Bonheur d'occasion*!

» Que pouvais-je leur répondre ? Rien. Je ne pouvais que poursuivre tranquillement mon chemin en espérant que les ragots et les rancœurs allaient s'amenuiser avec le temps.

» Heureusement, c'était la minorité qui agissait ainsi. Les autres étaient plutôt fiers de moi. Certains me le faisaient savoir avec une certaine discrétion ; d'autres le manifestaient plus ouvertement. Ce fut le cas avec le Dr Marcel Carbotte. »

Je vis alors ses yeux briller comme ceux d'une jeune fille.

«C'était un jeune et grand médecin de trente-trois ans, me dit-elle. Il était président du cercle Molière où j'avais fait mes débuts comme comédienne plusieurs années auparavant. C'est là que s'était révélée ma vocation de comédienne. À cause de ma passion pour le théâtre, j'avais choisi de partir en Europe pour y parfaire mes connaissances dans l'art dramatique. L'avouerai-je ? Dès notre première rencontre, je suis tombée sous le charme fou de ce grand jeune homme.

» À vrai dire, j'ai tenté par tous les moyens de le repousser. Il voulait absolument que je fasse une causerie au cercle Molière, mais l'idée me déplaisait. Je n'étais pas venue à Saint-Boniface pour travailler, mais pour me reposer. L'idée de rédiger un discours ne me souriait guère.

» J'ai donc dit non à sa proposition, mais, plutôt que de lâcher prise, il a insisté. "Vous êtes une grande vedette, me répéta-t-il, et venir au Cercle serait une façon de prouver à tous les membres que vous ne reniez pas votre passé. Quant à la rédaction du discours, il n'en est pas question. Ce que veulent les membres, c'est vous poser des questions, c'est vous voir en chair et en os, c'est converser avec l'une des leurs qui a réussi non seulement sur la scène nationale, mais aussi sur la scène internationale. C'est le plaisir des retrouvailles…"

» Bien sûr, j'étais flattée. Marcel Carbotte était si convaincant que, finalement, j'ai cédé. »

Par pudeur et aussi par respect pour elle-même, Gabrielle Roy ne me dit pas tout sur cette mémorable rencontre. Ainsi, j'allais apprendre, en lisant la monumentale biographie de Gabrielle Roy rédigée par François Ricard, que Marcel avait tout pour plaire à Gabrielle : fils d'émigrés wallons, il avait gardé les manières et l'accent de l'Europe. Or Gabrielle avait toujours envié le langage raffiné de ses compatriotes européens, assez nombreux dans l'Ouest canadien où un certain nombre de Français, de Belges et de Suisses avaient émigré. Leur maîtrise de la langue représentait à ses yeux le summum du beau langage et la marque la plus visible de distinction par rapport aux Canadiens français dont le parler lui paraissait trop souvent vulgaire. Cela explique aussi pourquoi Gabrielle garda toujours un petit accent artificiel, fruit sans doute de l'influence qu'exerça sur elle le Dr Carbotte.

Quoi qu'il en soit, quand la rencontre eut lieu, ce fut le coup de foudre. C'était pourtant inattendu : âgée de trente-huit ans, Gabrielle Roy était de cinq ans l'aînée du Dr Carbotte. De plus, au moment où se nouait leur idylle, Gabrielle était engagée, avec le journaliste Henri Girard, dans une relation amoureuse sans doute complexe mais qui durait depuis sept ans déjà.

Tout cela n'avait plus d'importance. En fait, Gabrielle perdit toutes ses défenses devant ce jeune homme beau et grand, elle qui pourtant avait tout mis en œuvre pour ne pas céder à la folie de l'amour par suite de ses déboires avec Stephen, l'amant à qui elle s'était donnée à l'époque où elle vivait en Angleterre. Cet amour, qui n'avait duré que quelques semaines, l'avait dévastée.

Mais elle fondit devant le grand Marcel à la voix d'or. Elle fut immédiatement conquise. D'une certaine façon, ce coup de foudre était inexplicable. Gabrielle Roy avait toujours préféré qu'on l'aimât plutôt que d'aimer. Et puis, elle ne l'aurait jamais avoué, mais elle éprouvait une certaine aversion pour l'amour physique.

Était-ce le modèle parental qui l'avait éloignée des désirs charnels? Il se peut. D'avoir assisté durant toute son enfance aux querelles de deux vieux qui se chamaillaient constamment et qui se piquaient à tout propos n'avait pas dû lui inspirer une image très positive de l'amour. Cela était si vrai qu'elle avait attendu le début de la trentaine — précisément avec ce mystérieux Stephen[1] — avant de se laisser aller aux mouvements

---

1. On ne sait à peu près rien du Stephen en question. Pas même son nom de famille. Ce mystère tient au fait que ce Canadien d'origine ukrainienne était un espion en lutte contre l'Union soviétique. Il semble même qu'il entretenait des liens avec les nazis. Dans ces conditions, on comprend que son identité soit restée secrète. Par ailleurs, Gabrielle Roy parle à plusieurs reprises de lui dans *La détresse et l'enchantement* (voir, entre autres, les pages 342 à 352 et les pages 411-422).

des corps et il est loin d'être certain qu'elle l'ait fait avec naturel et spontanéité.

Une chose est sûre, la rencontre avec Marcel Carbotte marqua le début d'un débordement amoureux auquel Gabrielle s'était rarement adonnée. Voici que les deux amoureux ne se lâchaient plus et qu'ils s'enlaçaient sans arrêt, provoquant du même coup le ressentiment des membres de la famille de Gabrielle qui voyaient dans le Dr Carbotte un détestable rival : n'avait-il pas déjà affirmé que s'il se mariait, ce serait à coup sûr avec une femme riche ? Pour les sœurs de Gabrielle, l'arrivée de cet intrus était une catastrophe. On détestait copieusement cet homme qui venait subitement mêler les cartes.

Mais Gabrielle, elle, était littéralement subjuguée. Revivant les moments heureux de sa rencontre avec Marcel Carbotte, sa personne entière s'illuminait. « Avec Marcel, je redécouvrais soudain la liberté. Nous parcourions sans cesse les campagnes environnantes dans sa voiture, une vieille Man-Can.

» Dieu que j'étais heureuse ! Tout à coup, au détour d'une route, j'étais saisie par la beauté des paysages du Manitoba, émue jusqu'à l'âme. Comment les décrire sinon en disant qu'ils exprimaient simultanément le sentiment du vide et celui de l'infini ? Une partie de l'éternité que nous touchons presque du doigt et qui nous échappe invariablement dès l'instant où nous croyons l'avoir atteinte.

» C'est peut-être à cause de la magie de ces moments-là que Marcel et moi avons commencé à nous écrire. Il fallait les mettre sur papier. Ainsi, dès que nous étions séparés, nous nous écrivions sans arrêt. Nous n'avons jamais cessé depuis. Et de cela, je me félicite…

» Ces images du Manitoba sont restées ancrées dans ma mémoire. Ce sont elles qui m'ont sauvée de l'impasse et du désespoir quand est venu le temps d'écrire mon deuxième roman, *La petite poule d'eau*. Je faisais alors un voyage à Chartres. Or voici qu'un pan de ma vie tout empreint du décor manitobain s'est imposé à moi avec une telle présence qu'il m'a clouée sur place. J'étais libérée[1], j'avais trouvé mon sujet, moi qui cherchais depuis des mois un projet de roman qui ne se présentait jamais.

» De revisiter le Manitoba avec Marcel fut un moment d'autant plus inoubliable que j'avais l'impression d'avoir enfin trouvé l'âme sœur. Il est difficile de décrire ce sentiment si particulier qui nous convainc que la personne aimée est celle à laquelle nous resterons liés toute la vie, peu importe les déceptions. Est-il utile de vous dire que cela a été le cas avec Marcel?

» Et puis, j'étais aux anges : cet homme m'assurait que jamais, au grand jamais, je n'aurais à me soucier de problèmes d'argent, moi qui avais toujours redouté d'en manquer. Bien sûr, ma situation financière n'avait plus rien à voir avec celle que j'avais connue dans le passé, mais cela me plaisait de savoir que je pourrais continuer d'écrire jusqu'à la fin de mes jours sans avoir à m'inquiéter du pain quotidien.

» De ma condition d'écrivain, nous avions abondamment discuté. Il savait que ma tâche d'écrivain exigeait une bonne dose de solitude pour que je puisse

1. Cet événement est raconté dans la préface de *La petite poule d'eau* (préface reprise dans *Fragiles lumières de la terre*).

mener à bien la rédaction des romans que je désirais écrire et il acceptait d'emblée que je sois forcée de le quitter pour m'isoler et me consacrer à l'écriture. Ce contrat — que je jugeais essentiel pour que nous puissions envisager une vie commune —, Marcel l'acceptait comme une heureuse nécessité. À vrai dire, il était immensément fier de moi et se disait prêt à tout pour que je donne l'essentiel de mon temps à la création.

» Deux mois après notre première rencontre, Marcel et moi convolions en justes noces. Ce moment, je ne l'ai jamais oublié. C'était à Saint-Étienne, le 30 août 1947. Ce fut l'abbé Antoine d'Eschambault, un ami de Marcel, qui bénit notre union. J'avais décidé que la cérémonie se déroulerait dans la plus stricte intimité, que ni parents ni amis des deux familles n'y seraient invités. Cela froissa mortellement mes sœurs.

» Bien sûr, elles m'ont accusée d'être une cervelle d'oiseau pour m'être jetée dans les bras du premier venu, mais de quel droit pouvaient-elles me faire la morale, elles qui n'avaient connu que des déboires amoureux ?

» Ce que j'ignorais, c'est que, comme elles, j'étais aveuglée par l'amour. J'étais si convaincue d'avoir mis la main sur un être d'exception que je me sentais à l'abri de toute déception. "Je leur ferai la nique, me disais-je, elles verront que j'ai eu raison. Je leur donne rendez-vous dans dix ans, dans vingt ans, dans trente ans."

» Aujourd'hui, je vois bien que ma certitude n'était que prétention de ma part. Parfois, je me demande si l'homme et la femme sont faits pour vivre côte à côte… C'est à croire que nous sommes de nature si antino-

mique que nous appartenons à des essences différentes, ne croyez-vous pas ?»

Voulait-elle m'éprouver ? m'entraîner sur la
question des pulsions sexuelles si différentes chez les
hommes et les femmes ? m'inciter peut-être à parler de
la question homosexuelle ? Je n'en suis pas sûr.

Plutôt que de me lancer sur cette piste, je préférai
la laisser poursuivre.

Gabrielle Roy à Paris.
« […] l'incroyable se produisit, non seulement mon roman fut
finaliste, mais, le 1er décembre 1947, il gagnait le prix Femina,
ce qui créa tout un émoi dans la communauté française
et encore plus au Canada. » (p. 71)

4

La vie de couple à Paris

Tous les soirs, j'essaie d'imaginer ce que tu fais.

Lettre de Gabrielle Roy à Marcel Carbotte, *Mon cher grand fou*

L a noirceur venait à peine d'infiltrer le jour, mais il me semblait qu'au rythme où allaient les choses, j'en avais peut-être pour toute la nuit. Je ne m'en plaignais pas. Au contraire, j'étais tout étonné que Gabrielle Roy se confiât ainsi à l'inconnu que j'étais.

Il y avait seulement que je commençais à avoir faim et que, surtout, je n'aurais pas détesté accepter ce petit verre de vin promis par Gabrielle. Mais elle était emportée par son sujet et ne se préoccupait guère de mon estomac. De son côté, elle ne semblait pas être le moins du monde en manque. Elle poursuivit donc sur sa lancée, tout heureuse de me raconter un des plus beaux épisodes de sa vie.

« À peine avions-nous célébré notre union que nous nous préparions à partir. Je n'avais guère le choix. Je devais prononcer mon discours d'introduction à la Société royale du Canada le 27 septembre suivant[1]. Le temps pressait donc, d'autant que j'étais totalement terrorisée à l'idée de m'adresser en public à une multitude de journalistes et de personnalités imposantes du Canada français. Imaginez, les ambassadeurs Georges Vanier et Pierre Dupuy y assistaient. C'était si impressionnant pour moi qu'en ce jour fatidique j'étais littéralement incapable de me rendre à la salle l'Ermitage où se tenait la soixante-cinquième rencontre de la Société royale du Canada, section française. Le fait est que je suis arrivée avec une heure de retard, ce qui avait créé dans la salle une inquiétude qui s'était amplifiée de minute en minute. Certains ont pu croire que je voulais jouer à la vedette, mais c'est la panique qui m'empêchait de faire le moindre pas en avant. Je cherchais à me rassurer à propos d'un texte sur lequel j'avais pioché des heures et des heures. J'avais trouvé le ton, la forme, le rythme qui me convenaient, mais ce discours allait-il plaire à ces bien nantis du pouvoir, moi qui prenais la défense des pauvres de Saint-Henri ? Inquiète, terrifiée même, j'aurais voulu connaître la réaction du public avant même d'avoir prononcé mon allocution. Bien sûr, je souhaitais que mon discours soit

1. 1947.

applaudi, mais je redoutais qu'il soit perçu comme une remise en cause de notre système politique. J'étais d'autant plus tremblante que mon discours allait être diffusé sur les ondes de Radio-Canada le lendemain. S'il fallait qu'il soit vilipendé, ce serait dans le Canada entier !

» D'un autre côté, de prendre la défense de ceux et celles qui croulaient sous la suie de Saint-Henri, c'était la première chose qui m'était venue à l'esprit. N'était-ce pas *Bonheur d'occasion* qui m'avait rendue célèbre ? Et puis, c'était ma propre misère vécue à Saint-Boniface que j'illustrais du même souffle. Cela dit, c'était aussi un soufflet que j'assénais à la classe dirigeante, laquelle était omniprésente dans cette salle de l'Ermitage. C'était eux que j'accusais d'être en grande partie responsables de la misère dans laquelle vivaient ces pauvres gens.

» Pour éviter l'angoisse d'être malmenée par le public et les journalistes, j'avais décidé de partir immédiatement après avoir fait acte de présence au cocktail qui avait lieu après la cérémonie. C'est comme une voleuse que je me suis enfuie à New York d'où je devais prendre le bateau pour l'Angleterre. Il était apparemment urgent que je parte le soir même. La vérité était que le paquebot *Fairisle* ne quittait le port que le 3 octobre suivant, mais j'avais trouvé le prétexte parfait pour me soustraire en douce et éviter qu'on me tire dessus à boulets rouges.

» J'ai su par la suite que mon discours avait fait sensation et que les libéraux et toute la gauche réunie avaient applaudi mon plaidoyer. On m'a même rapporté que les communistes — et alors Gabrielle esquissa un sourire — avaient publié mon discours dans leur journal *Le Combat*.»

Être l'égérie de ce groupe l'amusait énormément. Il y avait là quelque chose d'incongru, car Gabrielle Roy était à dix mille lieues de l'idéologie marxiste. Les mots «solidarité avec les prolétaires» n'avaient guère de signification, pour elle qui ne se préoccupait guère plus de politique. Elle était une vestale de l'écriture, et les seuls rapports qu'elle entretenait avec les humains, c'était avec sa famille, avec quelques intimes et avec de rares artistes et critiques. Le reste lui importait peu.

Elle enchaîna sur sa vie en Europe qui avait été sans doute pour elle parmi les plus beaux moments qu'elle eût vécus. Un bonheur d'autant plus grand qu'elle n'avait pas eu besoin de compter ses sous comme lors de son premier séjour en Europe. D'être à l'abri du besoin lui avait pour ainsi dire donné des ailes...

«À peine avions-nous accosté en Angleterre que nous filions vers la Belgique où je devais rencontrer mes beaux-parents. Vous le dirais-je? Ce ne fut pas très sympathique. Si mes sœurs détestaient Marcel parce qu'elles craignaient qu'il s'empare de ma "fortune", les parents de Marcel se croyaient injustement spoliés de leur fils. C'est donc le cœur léger que, mon devoir accompli, je courais vers Paris.

» J'avais toutes les raisons de le faire. *Bonheur d'occasion* était sorti en librairie depuis deux semaines à peine[1]. J'étais vraiment anxieuse de connaître le sort de mon roman en France. Pour être plus près de mon

---

1. Le livre est sorti le 9 octobre 1947 (voir *Mon cher grand fou. Lettres à Marcel Carbotte 1947-1979*, Montréal, Boréal, 2001, 832 p., p. 37).

éditeur, dont la maison était située comme vous le savez peut-être au 27, rue Racine, dans le VIe arrondissement, je m'étais installée dans un petit appartement de l'hôtel Trianon Palace, rue de Vaugirard[1]. La vie n'était pas aussi facile que je l'avais imaginée. La France sortait de la guerre et c'était une période de rationnement. Cependant, je compris qu'avec des sous on arrive à tout…

» Dès que je le pus, je pris rendez-vous avec le directeur littéraire de la maison Flammarion, René d'Uckermann, pour avoir une plus juste idée de l'accueil fait à mon roman en France. Le fait est qu'il ne se passait pas grand-chose et, n'eût été l'incroyable énergie déployée par la comtesse de Pange[2], je ne saurais vous dire ce qu'il serait advenu de mon livre.

» J'avais rencontré la comtesse à Montréal en février 1946. Elle s'était entichée de *Bonheur d'occasion* et m'avait promis tout son soutien si jamais mon roman était publié en France. Eh bien! je peux vous l'assurer, la comtesse n'avait pas menti. Elle dépensa des trésors d'énergie pour faire en sorte que *Bonheur d'occasion* soit placé sur la liste des finalistes du prix Femina. Elle mena une campagne si intense que l'incroyable se produisit, non seulement mon roman fut finaliste, mais, le 1er décembre 1947, il gagnait le prix Femina, ce qui créa tout un émoi dans la communauté française et encore plus au Canada.

1. Marcel et Gabrielle s'y installent le 23 octobre (voir *Mon cher grand fou. Lettres à Marcel Carbotte 1947-1979*, Montréal, Boréal, 2001, 832 p., p. 37).
2. La comtesse Jean de Pange, née Pauline Broglie (voir François Ricard, *Une vie*, p. 300).

» J'étais aux anges. C'était la première fois qu'un Canadien remportait un prix de cette envergure. Le Femina ! Je ne pouvais rêver plus. Je flottais littéralement sur un nuage.

» Là encore, il me fallut accepter de jouer le jeu des interviews. Je m'y soumis de bonne grâce, sachant très bien que j'en paierais le prix ultérieurement. Chaque fois, c'est la même chose. Je me dépense sans compter et tout à coup la machine craque. J'en ai pour des mois à m'en remettre... »

Gabrielle Roy n'épilogua pas trop longuement sur ce prix. Elle savait pertinemment que la critique française avait été tiède à son égard. Si, durant les interviews, on avait manifesté une grande sympathie pour elle, charmé par sa beauté et sa belle innocence, la critique qui s'était penchée sur le livre, elle, s'était montrée plutôt réservée. Certes, *Bonheur d'occasion* n'était pas un mauvais roman, répétait-on, mais il ne méritait pas vraiment de gagner. Cependant, on n'osait pas trop contester le choix du jury : ce prix, c'était une marque de reconnaissance que tous les Français voulaient rendre aux Canadiens dont les soldats étaient morts sur les plages de la Normandie pour sauver la France de l'Occupation et mettre un frein à cette guerre inique menée par Hitler. Sans le Canada, sans les Alliés, qui sait si les Français ne connaîtraient pas encore la honte de la domination allemande ?

En somme, il y avait eu peu de critiques véritablement élogieuses. Chacun applaudissait mollement. Tant et si bien que, six mois plus tard, les ventes sur le marché français montraient bien que c'était un demi-échec : 43 000 exemplaires, c'était bien peu pour un prix Femina. De fait, les ventes auraient pu être trois, cinq fois supérieures…

Ainsi, dès le début du mois de janvier, Gabrielle, comme elle l'avait fait à Montréal dans les mêmes circonstances, quittait Paris pour se réfugier à Genève. Il lui fallait prendre ses distances et surtout retrouver ses forces et sa sérénité. L'épreuve avait assez duré. À vrai dire, elle était à bout de nerfs, incapable d'en supporter plus. Elle avait maigri, dormait mal. Pas question de se donner plus longtemps en spectacle.

Elle partit donc à destination de Genève. Elle y demeura un mois. Le but était non seulement de prendre du repos, mais de se remettre à l'écriture sans la présence de Marcel, elle qui vivait sur un volcan depuis plusieurs mois. En fait, elle n'avait à peu près rien écrit depuis la parution de *Bonheur d'occasion*, sinon quelques rares nouvelles et un texte sur les gens de Saint-Henri.

Au moment où elle allait aborder cette nouvelle phase de son existence, Gabrielle se rendit compte qu'elle avait complètement oublié la promesse qu'elle m'avait faite de me servir un verre de vin.

« Que je suis sotte ! dit-elle — et je doute qu'elle le crût vraiment —, j'ai complètement oublié de vous offrir le vin que je vous avais promis. Dites, seriez-vous assez gentil pour aller chercher la bouteille dans l'armoire du haut, celle de droite, et pour l'ouvrir vous-même ? Je crois que vous ferez ça beaucoup mieux que moi. »

Je m'exécutai, tout heureux de pouvoir enfin goûter au vin promis. Il y avait une bouteille en effet dans l'armoire. Je me sentis soulagé de constater que c'était un Brouilly de Georges Dubœuf. Un bon vin, mais pas hors de prix. En fouillant dans le tiroir, je trouvai le tire-bouchon. Je débouchai la bouteille puis dénichai un verre pour Gabrielle Roy et un pour moi.

« Très peu pour moi, dit-elle. Juste pour vous accompagner. »

J'en profitai pour me verser une bonne rasade. De cette façon, me disais-je, je pourrais tenir le coup jusqu'à l'heure du souper. Et, pour dire la vérité, j'ignorais quand ce grand moment allait venir. Je ne voyais rien qui laissât penser que je mangerais chez elle. La cuisine était pour ainsi dire vierge. Tout était propre comme un sou neuf. À moins d'un miracle, ce repas risquait de ne jamais arriver !

Comble de malheur, quand j'avalai la première gorgée, je me rendis compte que le vin était légèrement bouchonné, mais je n'en fis rien voir et continuai à caresser mollement le pied de mon verre comme si j'étais parfaitement heureux. De toute façon, c'étaient les seules calories à ma disposition pour l'instant et pour rien au monde je n'y aurais renoncé.

Gabrielle Roy, de son côté, avait retrouvé une certaine sérénité. Il me semblait qu'elle se sentait beaucoup mieux, comme si le rappel de Paris avait eu un effet calmant sur elle. Flirter de nouveau avec le bonheur la rendait gaie. Et je ne m'en plaignais pas.

Je me dis en moi-même que le pire était derrière moi et que je pouvais m'attendre à passer une agréable soirée après avoir subi les foudres de la vieille romancière parcheminée. Ah ! si une fée s'était amenée pour me présenter un repas sur un plat d'argent, ç'aurait été avec le plus grand bonheur que je l'aurais accueillie.

La fée Carabosse qui s'amena n'avait rien d'une beauté. Elle était quasi aussi vieille que Gabrielle Roy et dix fois plus timide qu'elle, mais elle portait dans ses mains une belle tourtière qu'elle avait cuisinée à sa manière et qui embauma la maison dès son arrivée.

« J'ai vu que vous aviez de la visite, madame Roy, et j'ai pensé que vous aimeriez partager votre repas avec votre invité. Ai-je bien fait ? » demanda-t-elle en baissant les yeux.

Gabrielle Roy était ravie. Non pas qu'elle fût surprise de l'arrivée de Berthe, celle-ci venant presque tous les soirs, mais parce qu'elle avait le goût de poursuivre le récit de sa vie et que, ma foi, la faim commençait à creuser son petit trou dans son estomac.

« Vous allez prendre votre repas avec nous, Berthe ? »

C'était une question inutile. Elle savait bien que Berthe serait trop intimidée pour manger avec un inconnu. De fait, elle refusa tout net et prit la poudre d'escampette dès qu'elle nous eut servis.

« Charmante, vous ne trouvez pas, cette chère Berthe ? »

Et, sans attendre ma réponse, Gabrielle se replongea dans ses souvenirs.

« Où en étais-je ? Ah oui ! Genève. Savez-vous, me dit-elle, ce que signifie l'angoisse de la page blanche ? J'imagine que oui puisque vous êtes chroniqueur, mais je crois que c'est encore pire lorsqu'on est écrivain.

» En ce qui me concerne, Genève a été pour moi un séjour éprouvant. Pour la première fois, je quittais Marcel et il me semblait que j'étais une mariée en fuite. Et pourtant, nous avions convenu, lui et moi, que c'est ainsi que les choses devaient se passer, qu'il me fallait être seule pour mener à terme mes projets d'écriture.

» Il faut du temps pour écrire. Il faut douter. Il faut espérer. Il faut s'illusionner parfois sur une idée que nous trouvons géniale pour découvrir qu'elle n'aboutit nulle part. Ou qu'elle aboutira un jour. C'est ainsi qu'à Genève est née l'idée d'*Alexandre Chenevert*. J'y ai cru comme à une inspiration retrouvée. "Enfin, me disais-je, j'ai mon sujet. Il me semblait qu'en décrivant la vie de ce petit commis de banque, je tenais un sujet qui allait me permettre de faire le pont entre l'infiniment petit, Alexandre, et l'infiniment grand, les questions universelles que se pose Alexandre. Dans l'isoloir d'un caissier, tout l'univers…"

» Après des heures et des heures de travail, je me suis rendu compte que j'étais dans une impasse. Ce sujet, il n'arrivait pas à prendre son erre d'aller. Il faisait du surplace. Il avait les allures d'une courte nouvelle. Il n'avait pas l'ampleur que j'avais imaginée au début.

» C'est donc avec une peine immense que j'ai mis de côté les feuillets que j'avais écrits dans l'effort et l'incertitude en me disant que, non, ce n'était pas le livre rêvé. Que peut-être je ne trouverais jamais ? Et j'étais plongée dans un état voisin du désespoir. Étais-je l'écrivain d'un seul livre ? Il me semblait que oui. Et cela me rendait folle d'angoisse.

» J'ai compris plus tard que le deuxième roman d'un écrivain, particulièrement s'il a obtenu un grand succès comme ce fut mon cas, est une épreuve terrible à traverser. Je n'y ai pas échappé, croyez-moi. J'ai connu ma large part de misère, d'autant plus qu'il m'a fallu attendre longtemps avant de renouer avec une certaine gloire.

»Vous le dirai-je ? J'ai vécu beaucoup de périodes "Genève" dans mon existence. J'ai appris que la création se fait dans la déception et la souffrance. Que, pour trouver un bon sujet, il faut passer par toute la gamme des émotions...»

Ce qu'elle ne me dit pas — et que j'allais apprendre plusieurs années plus tard —, c'est que non seulement l'inspiration n'était pas venue, mais qu'elle avait aussi dû faire face aux reproches plus ou moins voilés de Marcel. Si Marcel avait accepté avec enthousiasme l'idée de laisser partir Gabrielle pour lui donner toute la liberté de son écriture, il n'avait pas prévu que, dans la réalité, l'absence lui pèserait. Imaginer une situation et la vivre, ce sont deux choses. Marcel l'apprit à ses dépens. Ce qu'il avait imaginé, c'était une Gabrielle à la manière de Montaigne : voici que cette femme-écrivain partait dans un lieu secret et isolé pour vivre une expérience d'écriture dans la plus belle et la plus grande solitude. Vivant comme une nonne, elle était une sorte de Balzac de la plume, écrivant sans arrêt, raturant, reprenant son sujet avec une frénésie qui ressemblait à de la folie. Puis, elle revenait au bercail, amaigrie, faible, fiévreuse même, mais portant sous son bras un manuscrit de plusieurs centaines de pages prêtes à être envoyées illico chez l'éditeur.

Or ce que constatait Marcel, c'est que Gabrielle distillait son écriture au compte-gouttes, qu'elle avançait encore plus lentement que la tortue et qu'en plus il lui fallait faire marche arrière et avouer, penaude, qu'elle n'avait rien créé qui valût la peine. Tout ce temps pour arriver nulle part. À quoi cela servait-il de se séparer de lui si c'était pour ne rien accomplir ? Et le comble est que Gabrielle sortait, allait au théâtre, déjeunait avec des connaissances. En somme, elle vivait de la même manière qu'à Paris, sauf que lui n'était pas de la partie !

Si les reproches furent plutôt discrets durant son séjour à Genève, ils devinrent plus clairs lorsqu'elle partit à Concarneau, à l'hôtel de Cornouailles, du mois de juin au mois de septembre 1948. Avait-il tort de se plaindre ? Aux yeux de Gabrielle, bien sûr que oui, mais il n'empêche qu'on peut se poser des questions quand on lit l'emploi du temps de Gabrielle tel qu'elle le décrit à son « cher grand fou ». Son travail d'écriture, lui confie-t-elle, se déroule entre neuf heures et midi. Pour le reste, elle fait des promenades, s'occupe de sa correspondance, particulièrement avec son cher Marcel, s'adonne à la lecture, prend d'ordinaire ses repas à l'hôtel, puis se couche vers dix heures et demie[1].

Ces trois heures, ne pourrait-elle pas les vivre chez elle à Paris ? Ç'aurait été si simple de le faire plutôt que de s'enfuir au bout du monde. Et pour arriver à quels résultats ?

Est-ce à cause de ce sentiment d'abandon que Marcel se laissa aller à ses penchants homosexuels ? Difficile à dire. Une chose est certaine : à Paris, il fréquenta les théâtres homosexuels, lui qui, on peut le

---

1. Gabrielle Roy, *Mon cher grand fou. Lettres à Marcel Carbotte 1947-1979*, p. 85.

supposer, avait eu des aventures bien avant sa rencontre avec Gabrielle Roy.

Bien sûr, ces escapades se firent à l'insu de Gabrielle Roy. En eut-elle vent assez tôt ? Aucun élément ne nous permet de le savoir avec certitude à part cette violente dispute qu'eurent Gabrielle et Marcel en juin 1950, dispute si grave qu'elle précipita le retour de Gabrielle de Lyons-la-Forêt où elle s'était réfugiée pour écrire. Or ce terrible moment prit pour eux l'allure d'une date emblématique. Avait-il un lien avec l'homosexualité de Marcel ? Nous ne le savons pas.

En fait, Gabrielle Roy n'a jamais parlé de l'homophilie de son mari dans sa correspondance. Elle utilise cependant l'expression « maladie nerveuse ». Celle-ci toutefois n'apparaît que fort tardivement, c'est-à-dire dans les années soixante-dix. Il nous est donc difficile de connaître le moment précis où elle a su que son mari était homosexuel.

Quoi qu'il en soit, il est certain que Gabrielle Roy sait. Il faudra toutefois attendre la fin de sa vie pour qu'on en ait la certitude. À preuve, les lettres qu'elle écrit à l'amant de son mari pour lui demander de veiller sur Marcel afin qu'il ne fasse pas de frasques.

Est-ce que la découverte de l'inversion de Marcel a accentué le fossé entre les deux époux ? Là encore, on ne peut savoir même s'il est un fait — Paris étant l'heureuse exception — que Gabrielle et Marcel furent la plus grande partie de leur vie à couteaux tirés. Entre eux, ce furent d'éternelles disputes (accompagnées parfois d'invectives extrêmement blessantes), suivies de longues périodes de silence. Une épuisante guerre de tranchées. Et, pourtant, tous deux restèrent soudés, incapables de se quitter, comme si la séparation risquait de les atteindre dans leur intégrité, de les détruite inexorablement.

Les liens qui unissent les couples sont parfois bien étranges. Ceux qui unissaient Marcel et Gabrielle ne nous sont pas connus. Il se peut que la culpabilité ait été le plus solide ciment entre eux deux : Gabrielle, on l'a déjà dit, éprouvait une certaine aversion vis-à-vis de la sexualité. C'était probablement à ses yeux un acte répugnant. Sans doute arrivait-elle mal à saisir pourquoi il fallait que les mouvements du cœur, si beaux, si tendres, si élevés, se traduisissent par une union où ce n'étaient plus les mouvements de l'âme qui avaient la meilleure part, mais les parties « honteuses », celles précisément qui avaient pour fonction de vider le corps de ses déjections. Pour elle, le lien entre l'amour et la sexualité ne se faisait tout simplement pas. L'un et l'autre étaient contradictoires, voire irréconciliables. Et si elle s'était laissé posséder, c'était essentiellement pour satisfaire les besoins de Marcel. Un devoir, en somme, comme c'était le cas pour bien d'autres femmes de sa génération éduquées dans le catholicisme le plus strict, qui considérait la notion de plaisir sexuel comme une aberration.

À cela s'ajoutait le refus chez Gabrielle Roy de procréer. À ses yeux, la maternité était le meilleur moyen de soumettre la femme à l'homme. Elle savait de quoi elle parlait, elle qui avait vu sa mère si tragiquement dépendante de son irritable mari. Cela, elle voulait l'éviter à tout prix.

On comprend, dans ces conditions, que l'homosexualité de Marcel présentât un certain avantage, puisqu'il la soustrayait à la nécessité du «devoir conjugal». D'un autre côté, elle n'ignorait pas que ses fréquentes absences favorisaient les «écarts de conduite» de Marcel. Il n'est pas dit que cette certitude n'ait pas amplifié la culpabilité de Gabrielle, celle-ci s'accusant d'être doublement responsable du comportement de son mari, d'abord à cause de son manque d'intérêt pour les rapports sexuels et ensuite en laissant la voie libre à Marcel pour qu'il assouvisse ses pulsions !

C'est une hypothèse qu'on ne peut pas écarter même si, à la lumière de ce que l'on sait sur le comportement des homosexuels, il est tout à fait probable que Marcel eût agi exactement de la même manière dans le cas où Gabrielle aurait été sexuellement plus disponible et moins souvent absente du foyer conjugal.

De toute façon, que sait-on de l'amour ?

Ainsi, dès qu'elle est éloignée de Marcel, Gabrielle éprouve des sentiments de tendresse qui la submergent. Elle lui écrit aussitôt des lettres d'excuse ou de réconciliation et lui propose un nouveau départ. En somme, l'amour triomphe.

Tous deux sont-ils à nouveau réunis que les heurts surviennent, les disputes aussi, puis les mots blessants. Un éternel recommencement qui ne cessera qu'à la mort de Gabrielle en juillet 1983, après presque trente-six années de vie commune.

C'est donc un attachement singulier qui lie Gabrielle et Marcel. Il donne tout son poids aux paroles que prononce le prêtre à la fin de la cérémonie du mariage : «Vous êtes unis pour le meilleur et pour le pire.» Est-ce que, dans le cas de Gabrielle, le pire a été plus souvent au rendez-vous que le meilleur ? Sans doute. Mais Gabrielle gardait une telle affection pour Marcel que, songeant à son « grand fou », elle ne pouvait s'empêcher de se remémorer le meilleur qu'elle avait connu avec lui. Voilà sans doute pourquoi elle n'a jamais pu rompre avec celui qui l'avait subjuguée dès leur première rencontre. Comment nier que Marcel fût un être exquis, charmant et intelligent ? d'agréable compagnie aussi, quand leur relation était au mieux ?

Et puis, qui sait si Gabrielle n'a pas vécu l'amour plus intensément que beaucoup d'autres, sa vie étant remplie de souffrances, de passions, de disputes et de réconciliations. Comme quoi on peut vivre des amours orageuses sans le support du plaisir des sens.

L'amour est un bien grand mystère, en effet. Il peut souder des êtres que tout oppose et les tenir ainsi liés pendant toute leur existence ! Mieux encore : cette sexualité désertée a obligé Gabrielle Roy à regarder ailleurs, à voir pour ainsi dire avec le regard d'une vierge[1]. Cela a donné naissance à une écriture d'une tendresse épurée qui fait la force et la beauté de l'œuvre de Gabrielle Roy.

Ainsi, il ne faut désespérer de rien. Il faut surtout savoir qu'il est des plantes qui poussent dans les plus arides déserts et qui donnent des fleurs aux couleurs vives et saisissantes. La prose de Gabrielle Roy en est un bel exemple...

---

1. L'idée est de François Ricard : « Mais cette "virginité", ou cette frigidité, qu'on le veuille ou non, est une des sources de la créativité de Gabrielle Roy, une des forces profondes de son œuvre. » (*Une vie*, p. 372)

5

Le dieu caché

> Dieu que j'étais heureuse, en mouvement, disponible, toute à l'inconnu de notre pays comme à tout l'avenir possible du monde.
>
> GABRIELLE ROY, *Ely! Ely! Ely!*

Décidément, Gabrielle Roy était furieuse contre son mari. Elle avait beau tenter de se remémorer les beaux moments de sa vie, il y avait toujours une pause, une parenthèse par où s'immisçait du ressentiment. Cela se voyait sur son visage souvent sévère.

Qu'avait-il fait de si grave dernièrement? Cela, je ne le saurais jamais. Dans tous les cas, il avait dû

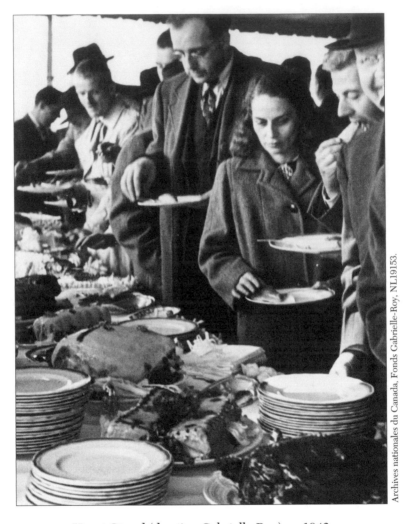

Henri Girard (derrière Gabrielle Roy) en 1942.
«Vous savez, on ne devient pas écrivain par la seule grâce de
Dieu. Bien sûr, c'est ce que je croyais avant d'avoir rencontré
Henri Girard, mais j'ai vite appris qu'il faut une longue pratique
et des milliers de pages écrites avant d'atteindre son but.» (p. 91)

l'irriter au plus haut point pour qu'elle laisse transparaître son irritation de façon aussi évidente devant l'étranger que j'étais.

Cela dit, j'ai remarqué qu'on se confie à des étrangers plus spontanément qu'à des intimes, comme si la certitude que la personne disparaîtra de notre environnement immédiat favorisait l'épanchement. Peut-être se disait-elle que, coupable envers elle, je garderais pour moi seul ces propos qui sortaient comme malgré elle de sa bouche.

Ainsi, sans avertissement, elle quitta les territoires de l'Europe pourtant si aimés pour revenir en arrière, au temps où elle ne connaissait pas Marcel. Un temps heureux, sans doute, mais qu'elle avait banni de sa mémoire. Non pas que Marcel ne fût pas au courant de ce passé, mais elle-même avait décidé de mettre une croix sur cette période.

J'en étais rendu au dessert, mais de dessert, il n'y avait pas! Comme beaucoup de personnes de son âge, son repas principal, elle le prenait le midi. Je tétais donc chichement mon vin, n'osant pas trop abuser de la bouteille même s'il était clair que Gabrielle se contenterait de ce qu'elle avait devant elle, c'est-à-dire un demi-verre qu'elle avait à peine entamé. C'est avec un immense plaisir que j'acceptais son offre de me resservir de vin. Mon dessert, à n'en pas douter, ce serait ce verre en prime.

Pendant que remplissais mon verre, Gabrielle embraya d'une voix douce, d'une voix qui semblait venir d'ailleurs. Elle avait les yeux mi-clos. Elle était comme plongée au fond d'elle, à la recherche de souvenirs très lointains.

«C'est bizarre, ne trouvez-vous pas, que soudainement des pans de notre passé nous reviennent en mémoire. Pourquoi est-ce que ce soir je songe tout à coup à mes débuts à Montréal comme journaliste? Étrange, non? Et si, au moins, je pouvais prétendre que cette réminiscence est due à une petite madeleine comme celle que le narrateur avalait dans la *Recherche du temps perdu* de Marcel Proust, je pourrais dès lors penser que j'ai quelques affinités avec ce grand génie! Mais non, cela me vient tout spontanément. À moins que ce ne soit ce verre de vin que vous tenez entre vos doigts de cette manière particulière qui me rappelle Henri Girard. Et pourquoi pas? Tout à coup, je nous revois à ce buffet où nous avions été invités à Frelighsburg, Henri et moi. Il y avait Adélard Godbout, le premier ministre du Québec. C'était en 1942, si je me souviens bien.» Et elle s'arrêta pour me demander:

«Vous connaissez Henri Girard?»

Vraiment, je n'avais jamais entendu parler du personnage.

«Dommage, dit-elle, cet homme était un être absolument charmant. C'était surtout un intellectuel de grande classe. C'est triste, ne trouvez-vous pas, que des êtres d'exception disparaissent de la scène à peine leur tour de piste fini. Ils ne méritent pas un tel sort et, pourtant, c'est le lot de tant d'êtres d'exception qui sont rayés de notre mémoire collective comme s'ils n'avaient jamais existé.»

Et alors, elle décida, chose inouïe, de me raconter l'intense et merveilleuse période qu'elle avait connue comme journaliste dans les années quarante. Elle commença par me raconter son arrivée à Montréal, elle qui, à l'époque, n'y avait jamais vécu. La vérité est qu'elle devait rentrer à Saint-Boniface peu de temps après être arrivée à Montréal par bateau. Il était entendu, du moins avant son départ du Manitoba, qu'une fois son séjour en Europe terminé, elle retournerait à l'enseignement, à l'institut Provencher. Mais dans un geste un peu téméraire, puisqu'elle n'avait à peu près pas d'argent dans ses poches, elle avait décidé de rester à Montréal, comme elle me l'avait dit au début de notre conversation, parce qu'elle se sentait incapable d'envisager un avenir heureux dans son petit patelin. Ce qu'elle voulait, c'était devenir écrivain. Elle savait que ce n'était pas à Saint-Boniface que son talent s'épanouirait.

Il est parfois des actes heureux. Celui que fit Gabrielle Roy à cette époque était parfaitement justifié, bien qu'elle-même ne fût pas consciente de ce qui se passait autour d'elle. Ce qu'elle me racontait, j'en avais une certaine idée étant donné que j'enseignais l'histoire de l'édition à l'Université du Québec à Montréal et que cette période m'était assez familière. Je savais qu'à cause de la guerre qui sévissait en Europe, le Québec était devenu, pendant quelques années, le plus grand producteur de livres en français du monde. La France étant occupée par les Allemands, l'édition était bâillonnée. Les publications s'y faisaient au compte-gouttes et toujours dans le sens souhaité par l'occupant.

Loin du conflit mondial, le Québec avait pris le relais. On assista à un boum de l'édition comme jamais on n'en avait connu dans l'histoire du Québec : des éditeurs firent littéralement fortune, vendant les livres d'auteurs français devenus libres de droits — grâce à une loi exceptionnelle promulguée au Canada — dans tous les pays francophones du monde. Du jour au lendemain, les tirages, jusque-là anémiques au Québec, avaient grimpé de façon incroyable. Ainsi, de 1940 à 1947, douze millions d'exemplaires étaient imprimés dans la province pour être vendus dans le monde entier. De quoi rendre jaloux tous les éditeurs actuels!

C'était l'euphorie non seulement dans le domaine du livre, mais aussi dans celui de la publication des revues. En l'absence de toute concurrence venue d'Europe, là aussi, les tirages faisaient des bonds prodigieux, entraînant par le fait même une bien meilleure rétribution des collaborateurs.

Ainsi, quand Gabrielle Roy s'amena à Montréal au printemps de 1939, elle ne pouvait imaginer que les années à venir seraient vraiment fastes et qu'elle en serait l'une des bénéficiaires. On peut même aller plus loin : s'il avait fallu que Gabrielle Roy écrive *Bonheur d'occasion* dix ans plus tôt ou dix ans plus tard, il n'est pas dit que son roman aurait suivi la trajectoire incroyable qu'il a connu. Incontestablement, il est des êtres qui naissent sous une bonne étoile.

De cela, cependant, Gabrielle Roy ne se préoccupait guère, tout à la joie de me raconter ses belles années comme journaliste.

« J'étais pleine d'ardeur et d'enthousiasme, me confia-t-elle, je l'étais d'autant plus qu'il me fallait coûte que coûte gagner mon pain. J'avais un atout dans ma poche : les articles que j'avais publiés en France dans la revue *Je suis partout*. Cela faisait effet à coup sûr.

» Parfois, être audacieux, c'est payant. En tout cas, ça l'a été pour moi. À peine avais-je frappé à la porte du journal *Le Jour* que j'étais engagée. C'était un nouvel hebdomadaire, dirigé par Jean-Charles Harvey, venu faire concurrence à *La Presse* et qui se caractérisait par des positions nettement avant-gardistes pour l'époque. Ainsi, le poète Gilles Hénault, de tendance gauchiste sinon marxiste, faisait partie de l'équipe tout autant que Jean-Paul Lemieux — qui deviendrait plus tard un grand ami —, Yves Thériault et combien d'autres. Pour dire la vérité, cela était de peu d'importance que je sois plutôt favorable à la cause de la gauche. Ce que je voulais, c'était gagner suffisamment d'argent pour payer ma chambre et ma croûte. J'étais prête à tout pour y parvenir. On me proposa donc le salaire minime de trois dollars par article de quatre ou cinq feuillets à paraître dans la section féminine. J'acceptai avec joie.

» Si vous voulez mon avis, la quarantaine de textes que j'y publiai ne valaient pas grand-chose. Ils étaient l'œuvre d'une débutante. Il n'empêche que le fait de les avoir signés me permit de frapper à la porte de la *Revue moderne*, qui avait une certaine affinité avec le journal *Le Jour*, et d'être immédiatement entendue.

» Là aussi, le hasard me favorisa grandement. Lorsque je me présentai aux bureaux de la *Revue moderne* au cours de l'été 1939, on était à la recherche de journalistes. La revue, qui avait frôlé la faillite l'année précédente à la suite d'une crise interne, avait été rachetée par Roland Beaudry. Ce dernier voulait la relancer. Avec raison : la *Revue moderne*, fondée en 1919, était l'une des plus prisées du public.

» Roland Beaudry avait de grandes ambitions pour elle. Tout serait nouveau, affirmait-il, depuis la page couverture jusqu'au choix des collaborateurs. Cela dit, le nouveau propriétaire n'entendait pas modifier la politique éditoriale de la *Revue moderne*, qui consistait à présenter aux lecteurs, mais surtout aux lectrices, une littérature populaire de type sentimental. On y offrait en effet des romans complets signés par de célèbres auteurs français de l'époque dont les plus connus étaient Magali et Delly. Pour agrémenter le tout, des auteurs locaux signaient des fictions ou parfois des articles.

» Mon arrivée fut d'autant plus appréciée que le nouveau directeur littéraire, Henri Girard, était en manque de textes. Comment vous dire ? Entre lui et moi, l'entente fut immédiate. Cet homme avait quelque chose de rassurant. Il était d'un naturel doux, avait une voix chaude et affichait un calme apaisant. En sa présence, on se sentait comme pris sous son aile. »

Et alors, Gabrielle Roy eut un petit air gêné. Elle voyait bien qu'elle se dévoilait en disant cela, mais c'était comme si elle n'avait pu s'empêcher de le faire.

« En vérité, il m'est difficile de dire s'il était aussi charmant avec tous les autres, mais il le fut sans conteste avec moi. D'entrée de jeu, je sus que cela me plairait de travailler avec lui. Une intuition qui ne me quitta pas durant toute l'entrevue. À la fin, j'aurais été immensément déçue s'il avait fallu qu'il refuse ma collaboration, mais ce fut le contraire : j'étais engagée comme journaliste et j'avais déjà l'impression d'avoir des ailes.

» Au *Jour*, j'avais accompli mon boulot sans me mêler au groupe. J'étais plutôt marginale. Mais à la *Revue moderne* il me semblait que les choses se dérouleraient différemment sous la tutelle d'Henri Girard. Je n'avais pas tort. La journaliste inexpérimentée que j'étais allait prendre du galon et acquérir même le statut de vedette dans ce domaine. Je le dis en toute humilité étant donné que cette fulgurante ascension, je la dois en grande partie à Henri Girard.

» Vous savez, on ne devient pas écrivain par la seule grâce de Dieu. Bien sûr, c'est ce que je croyais avant d'avoir rencontré Henri Girard, mais j'ai vite appris qu'il faut une longue pratique et des milliers de pages écrites avant d'atteindre son but. Mais il y a plus. L'écriture est un métier qui s'apprend presque toujours sous la férule de maîtres dont la fonction est de guider le futur écrivain sur la voie de l'écriture et parfois de le révéler à lui-même. Cela, je l'ignorais. Je croyais que l'écriture venait comme une inspiration et qu'alors tout tombait en lettres d'or sur la page. La vérité est plus décevante. Avant que les lettres se transforment en or, il faut les passer à la moulinette jusqu'à épuisement. Au point que le cœur nous lève devant tant de ratures et tant d'insatisfactions. Et même quand on croit avoir atteint son but, voilà qu'on doute de soi. Et c'est alors que nous souhaitons le lecteur idéal, celui qui nous rassurera, mais aussi qui nous dira là où ça ne va pas. Tout écrivain qui peut bénéficier d'un tel soutien peut se considérer comme béni des dieux. Ce fut mon cas, car Henri Girard était ce que l'on appelle en anglais un *editor*, c'est-à-dire un conseiller capable de déceler la moindre imperfection et de trouver des solutions pour les corriger.

» Il faut savoir qu'au moment où j'ai connu Henri Girard — de dix ans plus âgé que moi —, il était au faîte de sa carrière. C'était un personnage fort connu qui œuvrait depuis belle lurette dans le domaine journalistique. Libéral avoué et esthète aux goûts avant-gardistes, il fréquentait tout aussi bien les hommes politiques que les intellectuels, les éditeurs, les gens de la radio et les artistes. Il s'imposait avec d'autant plus de facilité qu'il était doté, comme je vous l'ai dit, d'une personnalité plaisante dès l'abord, mais il savait se faire écouter. Il possédait aussi une très grande culture en plus d'être d'une intelligence hors pair.

» Quand Roland Beaudry était allé le chercher au quotidien *Le Canada*, il savait qu'Henri Girard saurait trouver les bons collaborateurs. De fait, Germaine Guèvremont, Alain Granbois et Robert Choquette — pour ne nommer que les plus importants — ont signé des textes dans la *Revue moderne*. Et puis, Henri Girard avait toutes les qualités requises pour superviser le travail de son équipe, car non seulement il était un grand journaliste — il avait publié des articles importants sur la politique, sur les arts en général tout autant que sur l'actualité —, mais il était reconnu pour être un extraordinaire linguiste. Il connaissait la langue française comme pas un. C'était vraiment un maître dans son domaine. »

À l'écouter parler, je voyais bien que Gabrielle s'emballait. Cet homme devenait presque un demi-dieu sous mes yeux. Ne le connaissant pas, je ne pouvais que la croire. J'appris plus tard qu'Henri Girard était vraiment cet être hors du commun qu'elle m'avait décrit, mais aussi que leurs relations avaient pris une tangente qui débordait largement le cadre des relations professionnelles. Dès leur première rencontre, Henri

Girard était tombé sous le charme de Gabrielle. Il était littéralement subjugué par cette femme belle, intelligente et libre comme l'air, et assez tôt leurs relations étaient devenues chaleureuses, exclusives même. Gabrielle Roy éprouvait-elle des sentiments aussi intenses vis-à-vis d'Henri Girard? On peut le croire, car entre eux deux s'était établie une amitié extrêmement forte. Si forte qu'on ne peut douter que cette amitié se fût transformée en un sentiment amoureux. Il suffit de lire quelques phrases des billets de Gabrielle pour s'en convaincre : *Cher fou de fou ! Comme cette belle journée de dimanche m'a paru longue sans toi. [...] Comme je m'ennuie de toi ! C'est inimaginable, effrayant, constant, sans limite. [...] Je t'embrasse tendrement. G.* [1].

Ainsi donc, l'apparition de Gabrielle Roy dans la vie d'Henri Girard avait eu l'effet d'une bouffée d'air frais pour cet homme qui n'était pas heureux en ménage. Cette femme l'éblouissait. Elle était belle et, de surcroît, dotée d'une énergie et d'une capacité de travail qui le remplissait d'aise. Peut-être aussi qu'Henri Girard avait trouvé en elle la part de génie et de volonté qui lui manquait pour aller au delà de l'écriture journalistique et plonger dans les vertiges de la fiction ?

Quoi qu'il en soit, non seulement Henri Girard la conseilla et la dirigea, mais il chercha par tous les moyens à lui faciliter l'existence. Il l'entraîna dans le

---

1. Lettre à Henri Girard [Rawdon], 21 mai 1944 (Bibliothèque nationale du Canada, fonds Éditions Pascal), citée par François Ricard, *Gabrielle Roy, une vie*, p. 250.

cercle fermé de Radio-Canada, à la suite de quoi elle joua le rôle de Colette Avril dans le populaire feuilleton *Vie de famille* signé par Henri Deyglun. De même lui fit-il faire ses premiers pas dans le domaine du théâtre : Gabrielle s'essaya à l'écriture dramatique. Sa pièce, *La femme de Patrick* (classée troisième lors d'un concours), fut jouée en juin 1940. Elle obtint un assez bon succès.

De ses relations intimes avec Henri Girard, Gabrielle Roy n'aurait jamais pu me parler. Elle préféra me raconter son implication dans la revue *Le Bulletin des agriculteurs*.

« L'expérience que j'ai vécue comme collaboratrice à la *Revue moderne* fut l'une des plus enrichissantes de mon existence. Il me semblait que je commençais à trouver le ton qui me convenait et que, pour peu que je persévère, j'arriverais un jour à créer mon propre style. Or Henri Girard, toujours désireux de me propulser plus loin, m'incita à poser ma candidature au *Bulletin des agriculteurs*. »

En 1939, ce mensuel connaissait un très fort tirage pour l'époque. Il dépassait les 60 000 exemplaires. C'était énorme, mais le plus incroyable est qu'il ne cessa pas de grimper au cours des années qui suivirent et qu'il atteignit les 148 000 exemplaires en 1948. C'était vraiment l'une des revues les plus rentables du Québec, de sorte qu'Arthur Fontaine, son propriétaire, et René Soulard, son directeur, avaient les moyens de mieux payer leurs collaborateurs.

« Quand je me suis présentée en 1939 avec une lettre de recommandation d'Henri Girard, je ne pouvais choisir un meilleur moment. Je me sentais d'autant plus en confiance qu'Henri connaissait intimement René Soulard, son ancien collègue du *Canada*. J'avais en tête un projet que je trouvais original, mais dont les coûts pouvaient être considérés comme trop élevés. Quelle ne fut pas ma surprise quand M. Soulard accepta sans sourciller de payer toutes mes dépenses pour un long reportage que je projetais de faire en Gaspésie. Était-il sensible à ce coin du pays d'une extrême pauvreté situé pour ainsi dire au bout du monde? M. Soulard a-t-il pensé qu'il pouvait, en consacrant un reportage à la Gaspésie, aller chercher une nouvelle clientèle? Je ne saurais le préciser. Quoi qu'il en soit, il dit oui à ma proposition.

» Je ne me sentais plus de joie. Ainsi, je pourrais quitter Montréal, un vrai sauna en été, pour aller pendant plusieurs semaines dans un environnement des plus agréables. Le fait est que mon séjour dura deux mois. C'est à Port-Daniel, dans la maison en bord de mer de Bertha et Irving McKenzie, que je rédigeai non seulement "La belle aventure de la Gaspésie", mon premier reportage destiné au *Bulletin*, mais aussi deux nouvelles, "Les petits pas de Caroline" et "La dernière pêche", qui allaient être aussi publiées dans la revue.

» Deux mois, c'est énorme, me dit-elle. J'avais trouvé le moyen d'étirer au maximum l'argent qu'on m'avait donné pour le plaisir de rester là devant la mer et de m'adonner à l'écriture avec un sentiment de grande plénitude.

» Après de multiples essais, j'avais décidé de changer les règles du jeu du reportage. D'ordinaire, le reporter donne des choses à voir, il ne se donne pas à voir! C'est la loi qu'on enseigne à tout débutant, mais il me semblait, à moi, que le fait de faire partie du reportage n'était pas en soi un accroc grave aux lois du genre. Pourquoi ne pas me mettre en scène, moi qui avais peiné pour aller au fond de la question en interrogeant les gens sur ce merveilleux pays ? Cela ne créait-il pas plus d'intimité que je me rapproche du lecteur, qu'il puisse presque me toucher des doigts tout autant que les personnages que je mettais en place ? Car c'est ce que je voulais : faire parler les gens.

» C'est donc à la manière d'un récit littéraire que j'avais élaboré mon reportage. L'essentiel était de rendre compte d'une région, de dire les choses particulières qui la concernaient. Cela, j'étais à même de le réaliser à l'intérieur de mon projet. Il suffisait que je glisse, là où la chose s'imposait, toute information politique, économique ou sociale jugée utile pour le lecteur. Je ne négligeai rien, je l'informai sur la pêche actuelle, sur le mouvement de colonisation à l'intérieur des terres, sur la naissance de la coopérative des Pêcheurs-Unis tout autant que sur la culture des pois grimpants dans la baie des Chaleurs, mais je voulais donner plus à ce lecteur. Je voulais qu'il soit placé au centre de l'action, qu'il puisse quasiment être sur place par le relais de son imaginaire. Je voulais qu'il "vive" la Gaspésie.

» Je m'étais dit que je prendrais tout le temps nécessaire pour donner à mon reportage une absolue rigueur, mais que, ce reportage, il fallait qu'il soit aussi captivant qu'un roman.

» Quand Henri lut "La belle aventure de la Gaspésie", il le reçut comme un choc. Il était incrédule. Comment avais-je pu écrire un reportage pareil et le réussir si bien ? Pour lui, il ne faisait aucun doute que j'avais procédé d'une manière totalement non conformiste. Il se trouvait seulement que, à ses yeux, le reportage était remarquable de vie et d'intérêt.

» "Je ne sais pas si c'est parce que tu es une femme et que cela te donne des droits que les hommes n'ont pas, mais force est d'admettre que ton reportage est non seulement original, mais absolument touchant."

» Henri Girard était tout à fait conquis. Il savait d'emblée, me dit-il, que René Soulard le serait aussi. De fait, ce dernier le fut à tel point qu'il me proposa une collaboration régulière. Mieux encore, il m'accorda en prime la liberté de choix de mes reportages de même qu'une augmentation substantielle pour chaque reportage. Je n'en revenais tout simplement pas. Non seulement j'avais les coudées franches, mais je pouvais enfin disposer d'un budget qui me permettrait de vivre relativement à l'aise.

» J'étais heureuse, je pouvais me consacrer totalement à mon écriture. J'ai d'abord publié de petits reportages sur l'agriculture avant de me lancer dans une série de quatre articles sur Montréal. "Tout Montréal", tel était le titre de la série, présentait les visages cosmopolites d'une ville moderne. J'avais l'avantage sur beaucoup d'autres journalistes de découvrir Montréal en même temps que les lecteurs. Ma curiosité tout autant que mon enthousiasme étaient sans limites. En fait, cette série d'articles me permit de ratisser la ville à fond. C'est d'ailleurs au cours de cette série que j'ai découvert Saint-Henri, mais de cela je vous parlerai plus tard.

» Puis j'ai rédigé une série de six reportages sur la colonisation en Abitibi avant de mettre en branle la série "Peuples du Canada". Cette série, me dit-elle, c'est ce que j'ai fait de mieux.»

Je lui répondis que je le croyais sans peine. En fait, les Éditions Quinze avait publié en 1978 «Peuples du Canada» sous le titre de *Fragiles lumières de la terre*. Non seulement j'avais lu le livre, mais je l'avais mis au programme de l'un de mes cours à l'UQÀM. Ces reportages illustraient de bien belle manière le grand rêve illusoire que représente l'Amérique. Ce continent n'apporte pas que la joie. Il porte souvent en lui la misère et la déception. Dans tous les cas, ce n'est pas le paradis promis qu'on trouve sur cette terre de liberté. Il s'en faut de beaucoup...

Forte de sa connaissance de l'Ouest canadien, Gabrielle Roy s'était attardée aux groupes ethniques qui le peuplent : les Huttérites, les Doukhobors, les Mennonites, les Juifs, les Sudètes, les Ukrainiens, c'est-à-dire des gens venus de l'Europe de l'Est pour trouver le bonheur dans les plaines de l'Ouest. C'est avec une gentillesse bienveillante et une compassion touchante que Gabrielle Roy avait décrit ces communautés. Elle le faisait d'une façon si émouvante que j'en étais resté bouche bée. Quelle attention chaleureuse portée à ces petites gens ! Quelle prose admirable !

Est-ce un tribut qu'elle voulait rendre à son père, lui qui avait été agent de colonisation et qui avait aidé ces gens pauvres et sans ressources à s'installer dans les terres de l'Ouest ? Est-ce parce que Gabrielle Roy s'était toujours perçue comme une excentrique dans son Manitoba natal, elle qui parlait une langue «bannie» et qui, à cause de cela, se sentait rejetée par la communauté dominante ? Est-ce tout simplement le plaisir de retrouver ses terres natales qu'elle n'avait pas vues depuis quelques années ou encore celui de présenter le vrai visage du Canada tel qu'elle le percevait, c'est-à-dire un immense territoire composé d'ethnies diverses aux croyances multiples, mais capables de vivre en harmonie et dans le respect d'autrui ?

Quoi qu'il en soit, ces textes étaient remarquables à plus d'un point de vue. D'abord, ils renseignaient le lecteur en décrivant des êtres et des lieux qui lui étaient totalement inconnus. Ils le faisaient avec une empathie absolument ravissante : chez Gabrielle Roy, il y a non seulement de la curiosité, mais en même temps une ouverture d'esprit qui est littéralement communicative. Ensuite, Gabrielle Roy est devenue pleinement maîtresse de son écriture. On entre dans ses reportages comme dans une maison familière qui exhale des odeurs de bon pain et d'une cuisine simple mais combien exotique et parfumée. On est bien, on est au chaud, on est heureux.

Voyez l'entrée en matière du reportage sur les Huttérites, « ces opiniâtres pacifistes », comme les qualifie Gabrielle Roy :

Le village m'enserra dans sa paix chaude et imprévue. Il ne possède ni magasin, ni gare, ni pompe à essence ni même de rues, encore moins d'enseignes ; il s'élève dans les champs de blé, parmi les vergers, les ruches, la couleur des avoines et le tenace parfum du trèfle d'odeur ; il est dans la lumière et l'abondance au milieu de ses biens. Mais les gens ne font montre d'aucun luxe. Ils sont vêtus avec une simplicité extrême : les femmes d'une jupe longue et d'une veste fleurie sur un corsage de lustrine noire ; les hommes de blouses bleues.

Ceux qui sont mariés portent une courte barbe en collier et, je tiens l'explication de l'un d'eux, par un souci naïf de ressembler au Christ[1].

Quand on lit ce texte, on se dit qu'il est difficile de démarquer l'écrivain du reporter. Gabrielle Roy ose. Elle écrit avec une liberté qui étonne et remplit d'aise. Elle est au faîte de sa maîtrise...

La série «Peuples du Canada» ne fut pas la dernière que Gabrielle Roy eût publiée. Presque dans le même temps, elle fit paraître une série de quatre reportages sur l'Ouest canadien. Puis, en 1944, une autre série de douze reportages sur les régions du Québec intitulée «Horizons du Québec». Ces reportages étaient entrecoupés ou suivis de courts reportages sur des secteurs industriels québécois (le coton, le papier, les mines...).

En fait, Gabrielle Roy devint un reporter de premier plan. Elle atteignit son but en un temps record : à peine cinq ans s'étaient écoulés (de 1940 à 1945) depuis son premier essai sur la Gaspésie.

La boucle était-elle bouclée ?

Pas vraiment, car durant cette période d'intense activité journalistique, Gabrielle Roy entreprit l'écriture d'un roman qui, du jour au lendemain, allait changer sa vie...

---

1. Gabrielle Roy, *Fragiles lumières de la terre*, Montréal, Quinze, coll. «Prose entière», 1978, p. 17.

6

Bonheur d'occasion

Tout ce qu'il y avait de beau en moi, tout
ce que j'avais acquis dans ma jeunesse de
sentiments esthétiques, je le lui ai donné
sans calcul et sans réserve.

Henri Girard, lettre à Adèle Roy

« Je vous avais assuré, me dit-elle, que je reviendrais
sur Saint-Henri. »

Je n'étais plus surpris. Je la fixais avec attention
dans l'attente qu'elle poursuive son récit comme si
nous avions été de vieux amis.

Et alors, elle me raconta la naissance de *Bonheur
d'occasion*.

Tout avait commencé, me dit-elle, par ce reportage sur Saint-Henri qui l'avait tellement bouleversée.

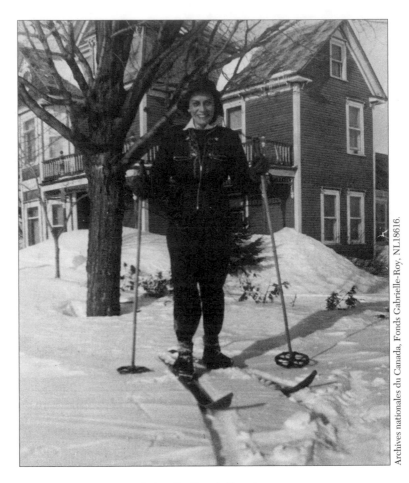

Gabrielle Roy à Rawdon.
«Je travaillais comme une forcenée. J'avais commencé la rédaction
de mon roman dans ma petite chambre de la rue Dorchester, puis
j'avais poursuivi mon travail chez les McKenzie, puis encore et
encore chez les Tinkler à Rawdon.» (p. 109)

Comment avait-elle pu vivre dans la beauté des choses sans se rendre compte que, plus bas, on étouffait ?

« Tout à coup, je découvrais, comme une vérité insupportable, que la misère nichait sous mes pieds, dans le quartier Saint-Henri, alors qu'en haut, chez moi, tout n'était que richesse et beauté. Le beau et le laid, le haut et le bas logeaient sur la même courbe descendante. C'était à n'y rien comprendre... »

Saint-Henri, me confia-t-elle, l'avait happée comme une tornade. Elle s'y était engouffrée un peu comme une curieuse, un peu comme une voleuse. En fait, elle le faisait par métier, attentive à tout ce qui bougeait et surtout désireuse de rendre compte de la vie dans ce quartier de la façon la plus juste et la plus vraie possible.

Or ce qu'elle voyait avait de quoi l'atterrer. Le visage noirci de Montréal, celui du prolétariat, celui de la pauvreté, celui de la misère s'étalait au grand jour dans un nuage de suie.

« Le choc a été si violent que, dans ma série intitulée "Tout Montréal", j'ai choisi un ton radicalement différent de ceux que j'avais adoptés jusqu'alors. C'était celui de l'amer constat. Il virait quasiment à la lamentation. Ce texte, je l'ai écrit en tremblant presque. »

Évidemment, Gabrielle Roy ne pouvait citer le passage de mémoire mais, plus tard, je me rendis à la bibliothèque Ægidius-Fauteux et je retrouvai le reportage qui décrivait les gens de Saint-Henri avec une justesse sans pitié :

Un peuple de termites vit au cœur de la grande fournaise industrielle. Dès que son regard cherche à s'évader, il rencontre les cheminées d'usine. Son horizon est souillé, borné de tous côtés, ou s'il s'échancre parfois, c'est pour étaler des enseignes géantes : bouteilles monstres de lait, chef iroquois à plumes bariolées, cheval rouge de la bière Black Horse.

Ses églises ont pris une teinte charbonneuse. Ses cours d'école s'ouvrent aux miasmes. Ses terrains de jeux disputent d'infimes espaces aux chantiers d'usines.

Le faubourg Saint-Henri voit passer tant de trains ! Incessamment rugit la locomotive. Incessamment tombent et se relèvent les barrières de sûreté. Incessamment dévalent les rapides : l'Ocean Limited, l'Express Maritimes, le Transcontinental, le New York Central. Les petites maisons de bois tremblent sur leur base ; la pauvre vaisselle s'entrechoque et, au-dessus du vacarme, la voix humaine s'élève pour continuer la conversation sur un ton criard. Dans les cours intérieures, la lessive est déjà noircie avant de sécher. Et la nuit, sans cesse agitée par la trépidation des roues, sans cesse déchirée par le sifflement de la vapeur et le crépitement du ballast, ne ménage aucun véritable repos au peuple d'ouvriers et d'ouvrières qui s'épuisent [1].

« De tous les reportages que j'ai signés, jamais je n'ai été aussi dure dans mes jugements. Il y avait surtout que, après avoir arpenté de long en large ce quartier, je découvrais avec horreur que la seule façon pour ces pauvres gens de s'en sortir était de s'engager dans l'armée. Quelle invraisemblable solution, ne trouvez-vous pas, que d'assurer la sécurité et l'aisance des siens en devenant de la chair à canon ! Il y avait de quoi se révolter contre la société qui n'avait d'yeux que

---

1. Tiré du *Bulletin des agriculteurs*, Montréal, août 1941, p. 11.

pour son profit. Que les gens meurent, cela importait peu pour les nantis de ce monde à la condition que la roue de l'économie tourne à plein régime et fasse grimper leur donne. Cela me paraissait scandaleux.

» Cette vision quasi apocalyptique, je l'ai portée en moi comme un brûlant souvenir. Longtemps après la rédaction de mon reportage, les trains de Saint-Henri ont continué de faire entendre leur insupportable trépidation de même que leur sifflement ahurissant. Et c'est parce que ces images déprimantes n'ont pas cessé de me hanter pendant des semaines, des mois, des années qu'est né *Bonheur d'occasion*.

» Comme cela m'est arrivé souvent, tout a commencé par une nouvelle jusqu'à ce que celle-ci prenne des proportions gigantesques et se transforme en roman. De la même façon, du reste, que j'ai écrit *Alexandre Chenevert*, dont les premiers jets avaient été couchés sur le papier à Genève.

» Après la rédaction de mes reportages sur Montréal, je me suis mise à rêver *Bonheur d'occasion*. À mesure que le temps passait, je voyais bien que se dessinait quelque chose d'immense et d'inquiétant. Heureusement que j'avais Henri Girard à mes côtés. Il ne cessait de m'encourager. Il était si enthousiaste qu'il était prêt à sacrifier son propre bonheur pour que naisse ce roman.

» Pendant que je consacrais mon temps à l'écriture, lui, de son côté, me persuadait de la grandeur de mon sujet. "Ce sera, me disait-il, une œuvre de la trempe de celle qu'a accompli Roger Martin du Gard avec *Les Thibault* [1]." Martin du Gard était un écrivain

1. La série de neuf volumes des *Thibault* a été écrite de 1922 à 1940.

français contemporain, ami d'André Gide, qu'Henri Girard admirait sans réserve.

» Et au plus fort de son enthousiasme, il me comparait à Émile Zola. Il s'emballait lui-même, il fallait que je produise un roman qui irait bien au delà des personnages ; une fresque qui contiendrait en elle toute la mouvance sociale de Saint-Henri. Un récit qui exprimerait les tribulations d'une société déchirée par ses propres contradictions.

» Henri, poursuivit-elle, connaissait fort bien la littérature française contemporaine. Cela le remplissait d'aise de savoir que, contrairement à la plupart des écrivains québécois[1], j'avais décidé de situer mon roman dans la ville plutôt qu'à la campagne. Au Québec, on n'en avait que pour le roman du terroir. Les Ringuet, Claude-Henri Grignon, Félix-Antoine Savard et Germaine Guèvremont étaient célébrés dans les écoles pour s'être faits les chantres de la campagne et de la vie agraire.

» "La ville, il n'en est pas question dans nos romans sinon pour la décrier, s'insurgeait-il. Le clergé a tout fait pour maintenir les Canadiens français sur leurs terres. Peine perdue du reste. Ils n'ont pas cessé de grossir les villes depuis un siècle. Pire, la moitié de la population a quitté le Québec entre 1840 et 1920 pour aller travailler dans les 'factories' de coton de la côte est des États-Unis. Une catastrophe pour le clergé, mais le signe évident que le XXe siècle est résolument

---

1. Rares sont les écrivains de l'époque, à l'exception de Jean-Charles Harvey, Roger Lemelin et Roger Viau, qui affichent une esthétique résolument urbaine.

urbain. Qu'on cesse donc de nous rebattre les oreilles sur les vertus de la terre", me disait-il.

» En fait, Henri Girard était convaincu qu'il fallait créer de toutes pièces une esthétique urbaine et que la voie que j'empruntais était vraiment celle de la modernité. Il était totalement emballé. Non seulement il m'encourageait, mais il m'accompagnait dans mes excursions à Saint-Henri tant et aussi souvent que je le désirais. Il trouvait important que je me documente, que je m'imprègne de l'odeur du quartier, odeur qu'il voulait que j'emmagasine dans ma mémoire pour la mieux restituer dans mes écrits. »

L'écoutant parler, je me rendais compte à quel point Henri Girard avait été important dans l'élaboration de *Bonheur d'occasion*. Je comprenais surtout mieux pourquoi elle avait choisi, pour son premier roman, un sujet et un milieu qui lui étaient complètement étrangers. D'ordinaire, le romancier débutant puise la matière qui constituera son entrée en littérature à même ses souvenirs personnels. Et ce n'est qu'après qu'il acquiert le recul nécessaire pour construire un véritable univers imaginaire et du même coup livrer le meilleur de lui-même. Le temps est parfois long avant qu'il y réussisse. Souvent, il n'y arrive jamais. Étrangement, Gabrielle Roy avait commencé par un roman résolument social pour terminer par des écrits autobiographiques. Le monde à l'envers pour ainsi dire.

Au moment de notre conversation, je n'avais pas la distance nécessaire pour établir certains liens, mais il m'est arrivé souvent de repenser à cette rencontre. Alors, j'en suis arrivé à la conclusion que l'influence d'Henri Girard avait été déterminante dans la rédaction de *Bonheur d'occasion*. Qui sait si, sans lui, le projet n'aurait pas été fort différent ?

Par contre, je n'avais aucun doute sur le fait que tous les personnages mis en place fussent la pure création de Gabrielle Roy. Ce qui me paraissait cependant significatif, c'est qu'ils se distinguaient radicalement de ceux de sa famille. De fait, Florentine ne ressemblait que très peu à Gabrielle ou à l'une de ses sœurs, pas plus que Jean Lévesque n'offrait de véritables traits de similitude avec l'un ou l'autre de ses frères. On pouvait à la limite comparer Rose-Anna à Mélina, la mère de Gabrielle, mais les différences étaient si grandes qu'il était impossible de croire à une copie. Quant à Azarius, il était aux antipodes du père de Gabrielle. En forçant la note, on peut trouver qu'il offrait quelques similitudes avec Rodolphe, le frère velléitaire et alcoolique de Gabrielle, mais là encore la comparaison est exagérée[1].

En somme, l'univers de *Bonheur d'occasion* était né d'un lieu précis et s'était construit tout entier autour de la misère de la classe ouvrière. Il avait pris la dimension qu'Henri Girard avait souhaitée de tout cœur et ce dernier ne pouvait qu'en être éminemment fier.

Henri Girard s'était-il projeté en elle comme je l'ai déjà insinué ? Il se peut. Une chose est certaine : il ne doutait absolument pas que ce roman allait être un événement. Et son enthousiasme était si communicatif que Gabrielle Roy se sentait totalement épaulée par cet homme remarquable. Son soutien lui donnait des ailes.

---

1. À noter que François Ricard pense le contraire. Voir *Une vie*. p. 261.

« Je travaillais comme une forcenée. J'avais commencé la rédaction de mon roman dans ma petite chambre de la rue Dorchester, puis j'avais poursuivi mon travail chez les McKenzie, puis encore et encore chez les Tinkler à Rawdon.

» La première version [1] contenait plus de huit cents pages! Finalement, après un sérieux travail de resserrement et d'élagage, j'avais réduit le tout à cinq cents pages à la fin du printemps de 1944. J'avoue que j'étais fière de moi. J'avais mis trois ans à élaborer un univers imaginaire qui me semblait parfaitement cohérent tout en poursuivant mes activités journalistiques. »

Elle avait raison de l'être. Ce roman que j'avais lu et relu – et peu importe l'implication d'Henri Girard dans sa genèse – était tout entier marqué au sceau de sa personnalité : c'était un récit sombre, qui ne laissait que peu d'espoir aux protagonistes. Et c'était bien là l'expression de l'univers profond de Gabrielle Roy, celle qui, dès son plus jeune âge, avait été surnommée par son père « Petite Misère ».

Une fatalité, me disais-je, pèse sur ses personnages tout comme elle a pesé sur sa famille. Dans l'univers de Gabrielle Roy, on ne sort pas facilement de sa condition et, si on y parvient, c'est contre tous. Il n'y a pas de salut collectif. Ceux qui en rêvent sont des idéalistes. Ils courent vers l'échec. Comme Azarius. Comme Emmanuel — l'ami de Jean Lévesque que Florentine a épousé pour sauver la face —, qui meurt à la guerre.

---

1. Selon François Ricard, il est possible qu'il y ait eu trois versions du roman. Voir *Une vie*, p. 210.

Je me disais aussi que la dimension éthique qu'avait développée Gabrielle Roy, particulièrement dans la deuxième partie de son roman, lui appartenait en propre. De fait, elle lui était venue pour ainsi dire à son insu à mesure que Rose-Anna prenait le pas sur Florentine dans l'élaboration du récit et qu'il apparaissait à l'évidence que la guerre deviendrait le thème central du roman, détrônant sans pitié l'amour. À quoi sert d'aimer si on ne peut manger à sa faim?

J'étais perdu dans mes pensées quand soudain j'entendis la voix un peu sèche de Mme Roy me dire sans délicatesse aucune:

«M'écoutez-vous vraiment?»

J'étais plutôt décontenancé. Je devais bien avouer que son récit m'avait entraîné dans ma propre rêverie et que j'avais sans doute raté une partie de son propos. J'étais mal à l'aise, mais il fallait coûte que coûte que je retombe sur mes deux pieds et que je la remette sur la piste de ses confidences.

«Je m'excuse, madame Roy. J'ai eu un moment de distraction. Tout à coup, je me suis pris à rêver à des personnages de *Bonheur d'occasion*. Vous devez savoir — et je ne doutais pas que cela lui ferait plaisir — que la lecture de *Bonheur d'occasion* a été un moment de grâce dans ma vie.»

Et je lui racontai que, étudiant à l'Université de Montréal, j'avais décidé d'écrire mon mémoire de maîtrise sur le roman du terroir. À cette époque, lui dis-je, la recherche sur la littérature québécoise n'en était qu'à ses débuts. C'est à la mitaine que nous devions travailler. J'avais donc décidé d'éplucher tout le rayon consacré à la littérature canadienne d'expression française.

Par hasard, j'avais mis la main sur *Bonheur d'occasion*, que j'avais lu sans pouvoir m'arrêter. J'étais si ému, lui confessai-je, que j'avais eu la certitude que c'était un chef-d'œuvre. Un chef-d'œuvre d'une aussi grande ampleur que ceux qu'écrivaient les grands auteurs français dont je m'étais nourri tout au long de mon cours classique.

Je disais la pure vérité, mais je ne doutais pas un seul instant que Gabrielle Roy serait infiniment flattée.

Elle le fut.

Cela me permit de la prier de continuer son récit. Elle le fit sans rechigner.

Pour mon plus grand bien, du reste, car j'apprenais énormément sur elle.

Et alors, elle me raconta comment Henri Girard lui avait trouvé un éditeur.

« Gérard Dagenais venait tout juste de créer les Éditions Pascal. Il était forcément à l'affût de nouveaux manuscrits. Quelques jours à peine après avoir reçu *Bonheur d'occasion*, il nous disait son emballement et sa volonté ferme de publier le roman dans les mois qui suivraient.

» J'étais ravie, vous pouvez aisément l'imaginer, mais je n'étais pas au bout de mes peines. Le fait est que j'ai dû attendre un an, c'est-à-dire juin 1945, avant que paraisse *Bonheur d'occasion*. Il avait été décidé que mon roman serait publié en deux volumes. Je n'en voulais qu'un seul, mais Gérard Dagenais insistait pour qu'il soit séparé en deux. Il avait peur que les lecteurs se découragent devant le nombre de pages. J'étais contre cette idée, mais je ne pus qu'obtenir de lui que les deux tomes soient publiés en même temps.

» Après coup, continua-t-elle, je me demande comment j'ai fait pour m'en tirer à si bon compte. Ainsi, j'appris très vite que Gérard Dagenais avait de graves problèmes de liquidités. Sa situation était si précaire que même le chèque de 100 $ qu'il m'avait fait en guise d'à-valoir s'était révélé sans provision. Ce ne fut pas le seul, m'avoua-t-elle. Au point que, frustrée et furieuse contre lui, je décidai de recourir aux services d'un avocat.

» Ce qui se dessinait comme une catastrophe tourna finalement à mon avantage : Henri Girard me présenta Jean-Marie Nadeau, un avocat d'une très grande compétence, tête pensante du Parti libéral du Québec mais aussi spécialiste du droit d'auteur. Je pris donc rendez-vous avec lui et lui remis mon dossier entre les mains. »

Et débuta ce qu'il faut bien qualifier de conte de fées. Si Henri Girard avait été la bougie d'allumage qui avait permis à Gabrielle Roy de devenir ce qu'elle était, Jean-Marie Nadeau fut celui qui la propulsa littéralement sur la scène internationale. Mais tout cela commença de la façon la plus simple. D'abord Me Nadeau obligea Gérard Dagenais à rétrocéder tous les droits d'auteur et de commercialisation à sa cliente. Dans le contrat que Me Nadeau l'obligea à signer, Gérard Dagenais en était réduit au rôle de distributeur.

Ce dernier n'avait d'autre choix que d'accepter. L'entente fut donc conclue en octobre 1945, c'est-à-dire quelques mois après la parution de *Bonheur d'occasion*.

Gabrielle Roy, qui n'aimait pas trop parler d'argent, s'abstint de me raconter en détail les aléas de cette importante décision[1]. Elle me laissa seulement entendre qu'en étant sa propre éditrice, elle était dorénavant maîtresse de la destinée de son livre et que ce retournement avait été un moment déterminant dans sa carrière.

« Entre-temps, poursuivit-elle, le roman avait fait son chemin. Henri Girard avait remis le livre à tous ses amis journalistes. La réception avait été dithyrambique partout : dans *La Presse*, dans *Le Devoir*, dans *Le Canada*. Dans les revues aussi. Devant tant d'éloges, les résultats ne s'étaient pas fait attendre : à l'automne de 1945, je faisais imprimer un deuxième tirage de 4 000 exemplaires, lequel était épuisé dès avril 1946. Il fut immédiatement suivi d'un troisième tirage de 3 000 exemplaires. Ainsi, un an à peine après sa parution, pas moins de 9 000 exemplaires étaient vendus. C'était un véritable succès.

» Mais il y avait plus : l'engagement de Me Nadeau se révéla être une bénédiction pour moi. Me Nadeau était audacieux. Il croyait fermement à la valeur de *Bonheur d'occasion* et il avait décidé de faire un grand coup. Plutôt que de s'épuiser à vouloir imposer le livre en France, il s'était tourné vers les États-Unis. Me Nadeau, vous savez, était un habile négociateur. Il laissa donc croire à l'éditeur pressenti qu'un concurrent lui avait fait une offre. Reynal and Hitchcock, qui hésitait depuis longtemps, mordit à l'hameçon et signa un contrat avec nous.

---

1. Selon François Ricard, en devenant éditrice, Gabrielle Roy voyait ses droits grimper à 30 %. Cela dit, elle dut emprunter 2 000 $ à la banque pour faire réimprimer son roman. (*Une vie*, p. 271)

» Vous le dirai-je ? Ce fut le début d'une *success story* qui fit de moi une vraie vedette. Mes ventes atteignirent des sommets que je n'aurais jamais pu espérer. Ces sommets, me dit-elle non sans une certaine tristesse, je n'en ai jamais connu de tels par la suite. »

Fidèle à sa personnalité, Gabrielle Roy n'en dit pas plus. Je savais de mon côté que les ventes avaient été colossales. François Ricard en avait dressé le tableau complet.

Le succès de *Bonheur d'occasion* était considérable. Le plus important de notre littérature, si l'on excepte *Maria Chapdelaine* de Louis Hémon [1]. En signant avec Reynal and Hitchcock, Me Nadeau venait de réaliser un grand coup, car cette signature valait de l'or. Avant même que le livre ne soit publié, la Literary Guild of America décidait de choisir *The Tin Flute* (c'est le titre anglais) comme Book of the Month pour le mois de mai 1947. Le contrat, signé en décembre 1946, rapporta à Gabrielle Roy une somme colossale : 50 % des 93 000 $ reçus par l'éditeur sur un tirage estimé à 600 000 exemplaires. Or les résultats étaient meilleurs que ceux qui avaient été prévus. Plus de 700 000 exemplaires furent vendus, de sorte que le montant initial fut majoré à 110 000 $. Une véritable fortune pour l'époque, même si elle dut être divisée à parts égales entre l'éditeur étasunien et Gabrielle Roy.

1. Dans le *Dictionnaire des œuvres littéraires du Québec*, tome II (Montréal, Fides, 1980, 1364 p.), Nicole Deschamps dit à propos de *Maria Chapdelaine* : « Gabriel Boillat risque le chiffre de 1 million 500 mille exemplaires pour le tirage total des seules éditions en français. » (p. 666) On peut donc raisonnablement penser que le tirage pour toutes les langues dépasse largement les deux millions d'exemplaires.

Et ce n'était pas fini. Voici que la Universal Pictures de Hollywood pointait elle aussi le bout du nez et concluait une entente avec Me Nadeau pour la somme astronomique de 75 000 $!

Du côté du Canada anglais, on avait l'œil fixé sur *Bonheur d'occasion* dès sa sortie. L'écrivain montréalais Hugh MacLennan, qui venait de publier le célèbre *Two Solitudes*, ne tarissait pas d'éloges sur le roman. Il convainquit son ami William Arthur Deacon d'en parler dans *The Globe and Mail*, à la suite de quoi les éditeurs se précipitèrent pour faire des offres à Gabrielle Roy.

Afin d'éviter de perdre 50 % des revenus (ceux-ci allant à la maison d'édition new-yorkaise qui détenait les droits sur les publications en anglais dans le monde entier), Me Nadeau signa un contrat avec McClelland & Stewart, le distributeur de Reynal and Hitchcock au Canada. Un autre coup de génie réalisé grâce à la complicité du journaliste W. A. Deacon. Du même coup, c'était le début au Canada anglais d'une gloire qui ne s'éteindrait jamais. En un an, 14 000 exemplaires étaient vendus et Gabrielle recevait en prime le « Governor General for the best fiction of 1947 ».

« De fait, me confia Gabrielle Roy, j'ai été célébrée comme jamais un auteur canadien ne le fut. Je me demande, du reste, si le succès de *Bonheur d'occasion* n'a pas marqué un nouveau départ pour la maison de distribution McClelland and Stewart. Une chose est certaine : la maison commença à s'intéresser de plus près à la littérature canadienne. Après le succès de *Bonheur d'occasion*, McClelland and Stewart augmenta la cadence des publications de titres canadiens, elle qui se spécialisait plutôt dans la distribution de titres étasuniens.

» Aujourd'hui, McClelland and Stewart est l'éditeur national le plus important[1], titre qu'il conserve malgré les tribulations et les risques de faillite que la maison a connus depuis qu'elle est sous la direction de Jack McClelland, c'est-à-dire presque depuis mes débuts chez eux. Il n'en demeure pas moins que cet homme, excessif, est un être extraordinaire. En ce qui me concerne, il a toujours été d'une rectitude exemplaire.

» Mais revenons à Me Nadeau. Ce dernier, toujours aussi désireux de me faire connaître sur la scène internationale, sonda le marché de la France. Dans un premier temps, il refusa une offre d'un obscur éditeur français en me convainquant d'attendre les retombées du succès de *Tin Flute* aux États-Unis. La stratégie de Me Nadeau était la bonne : à peine avions-nous signé avec la maison Reynal and Hitchcock que la prestigieuse maison d'édition Flammarion nous faisait une offre. Le livre, comme je vous l'ai dit, fut publié en 1947. Quant au reste, vous connaissez la suite… »

Gabrielle arrêta soudain de parler. On aurait dit que quelque chose s'était cassé en elle.

Peut-être regardait-elle cette période avec une douloureuse nostalgie. Tant de gloire qui lui était

---

1. De fait, les problèmes financiers de Jack McClelland l'ont obligé à vendre sa maison d'édition à Avie Bennet en 1985. McClelland and Stewart a continué de publier des auteurs canadiens avec panache. En juin 2000, Avie Bennet a cédé 75 % des parts à l'Université de Toronto et 25 % à Random House Canada, filiale de Berstelsman, le plus gros conglomérat d'édition du monde.

tombée dessus. Pendant deux ou trois ans, ç'avait été un véritable feu d'artifice, qui avait été suivi d'une longue grisaille et du sentiment qu'elle avait perdu son génie. Et pourtant, cette volonté tenace d'écrire toujours et toujours sans jamais s'arrêter, d'écrire jusqu'à ce que la mort vienne mettre un frein à cette pulsion intérieure, cette volonté était là, impérieuse et incontournable, comme si, en pénétrant dans le monde exigeant de la littérature, Gabrielle Roy était entrée en religion.

Peut-être qu'il lui vint aussi à l'esprit que, en rayant Henri Girard de sa vie, elle avait fait le mauvais choix.

Gabrielle Roy paraissait triste à mourir.

Je voyais bien qu'elle tentait de se ressaisir, mais qu'elle n'y parvenait pas.

Et alors, elle lâcha cette réflexion qu'elle n'avait sans doute jamais prononcée jusque-là:

«Mon Dieu que j'étais heureuse à l'époque! J'avais l'impression que mon rêve s'était réalisé et qu'il durerait toujours. J'allais de l'avant avec une telle confiance que je me croyais invincible. Comment ai-je pu être si prétentieuse et rayer de ma vie cet être exquis qu'était Henri Girard en pensant que je pouvais le remplacer sans peine? Comment ai-je pu?»

Sur ces mots, elle éclata en sanglots.

J'étais complètement décontenancé. Cette volte-face, rien ne l'avait annoncée. L'émotion avait envahi Gabrielle Roy avec la violence d'un raz-de-marée. Et voilà qu'elle pleurait à chaudes larmes alors que, moi, je ne savais que faire.

Je m'approchai d'elle. Je voulus mettre ma main sur son épaule, mais je compris vite que, cette marque de compassion, elle la recevrait comme si je posais un fer rouge sur sa peau. Je retirai ma main, revins à ma chaise, incapable de dire une seule parole de réconfort.

De son côté, Gabrielle Roy avait enfoui son visage dans ses deux mains. Je voyais ses épaules tressauter. C'était d'une tristesse absolument poignante.

Après d'interminables secondes, j'osai dire :

« Si vous préférez rester seule, faites-moi un signe de la main. »

Et je vis la main droite de Gabrielle Roy qui dessinait un geste comme si elle repoussait un importun.

Sur ce, je me levai puis me dirigeai vers la porte.

Avant de partir, bouleversé, je lui dis :

« Toutes mes excuses, madame Roy, de vous avoir fait passer une aussi horrible journée. J'espère que vous me pardonnerez un jour. »

7

Le long purgatoire

> En fait, depuis ce temps-là, ai-je jamais
> su pourquoi j'écrivais, est-ce que ceux
> qui se livrent à cette bizarre occupation
> le savent vraiment ?
>
> GABRIELLE ROY,
> *Le temps qui m'a manqué*

L'obscurité avait envahi Petite Rivière Saint-
François. En quittant la maisonnette de Gabrielle
Roy, j'y voyais à peine. Je me dirigeai vers mon auto en
prenant bien soin de placer chaque pied devant l'autre.
Je marchais comme un aveugle, en fixant la masse qui,
à coup sûr, représentait mon auto. C'est avec soulagement que je constatai que je n'avais pas verrouillé

Gabrielle Roy, probablement à Petite-Rivière-Saint-François. « Gabrielle Roy cependant vécut sa descente aux enfers sans jamais dévier de sa vocation d'écrivain. Elle souffrit, cela est plus qu'évident. De plus, elle voyait bien que ses rêves de gloire étaient derrière elle. » (p. 125)

mes portières. Insérer la clef dans la serrure aurait pu se révéler être une opération délicate.

Une fois à l'intérieur, j'hésitai à mettre le moteur en marche. Il me semblait que je dérangerais Gabrielle Roy dans son immense peine et que, la quittant, j'étais tout aussi importun que lorsque j'étais à ses côtés. Il le fallait pourtant, et c'est le corps tout crispé que je m'y essayai. J'entendis la plainte grinçante du moteur qui se mit heureusement à ronronner avec douceur. Je partis en catimini. J'avais l'impression de m'enfuir comme le fait le voleur, sur la pointe des pieds, quand il a subtilisé ce qu'il voulait dans une demeure habitée.

Je roulai jusqu'à ce que je fusse totalement sûr d'avoir échappé à l'ouïe tout autant qu'à l'œil de Gabrielle Roy, puis, ayant parcouru un ou deux kilomètres, je me rangeai sur l'accotement. Je coupai le moteur. Le silence était inquiétant. On aurait dit que toute vie s'était soudain arrêtée. Et je restai là, la tête vide jusqu'à ce que le sentiment d'avoir bouleversé la vie de Gabrielle Roy dans sa plus grande intimité me submergeât au point de m'étouffer. Qu'avais-je fait ? Et pourquoi Gabrielle Roy s'était-elle ouverte à moi avec autant de vulnérabilité ? Tout cela me paraissait si irréel mais également si triste que j'aurais voulu pleurer. Je n'y arrivais pas cependant. J'étais figé comme à mes dix ans quand mon grand-père était mort et que je me répétais sans arrêt qu'il me fallait pleurer. Mais les larmes, elles, ne venaient pas. Je n'éprouvais qu'un sentiment d'étrangeté comme si j'étais séparé de mon corps, comme si tout cela n'était qu'une mise en scène à laquelle j'assistais sans vraiment être concerné.

Gabrielle Roy, je ne la connaissais pas, ou je la connaissais si peu. Et même si elle m'était familière par ses écrits, je n'avais jamais eu de correspondance un tant soit peu intime avec elle. *A fortiori*, de relations personnelles avec elle.

Je l'aimais pourtant. Je l'aimais parce qu'elle m'avait fait croire à la littérature québécoise à une époque où à peu près personne n'avait foi en elle. « Ce peuple, avait dit Lord Durham, est sans histoire et sans culture. » De fait, nous nous percevions comme un petit peuple de porteurs d'eau qui écorchait une langue venue des lointains pays.

La gloire de Gabrielle Roy avait été tout aussi impressionnante en français qu'en anglais, et de cela je lui étais reconnaissant. Elle me montrait que, pour peu que nous fassions les efforts qui s'imposaient, nous serions à même de prouver au monde entier que nous pouvions écrire des chefs-d'œuvre. Cela me rassurait de savoir que quelqu'un y était parvenu avant moi et que, si je ne réussissais pas par mes propres moyens, d'autres, plus doués, le feraient.

Comme beaucoup d'autres, j'avais suivi avec attention sa carrière. J'étais trop jeune au temps des premiers écrits, mais ce n'était pas le cas au début des années soixante, comme je l'ai dit.

Dans tous les cas, j'étais à même d'imaginer sa tristesse quand elle avait publié *La petite poule d'eau* en 1950 aux Éditions Beauchemin. Ce livre était attendu avec impatience. Puis ç'avait été l'étonnement, sinon la consternation : rien de ce qui constituait la force et l'originalité de *Bonheur d'occasion* ne s'y retrouvait et si, au Québec, la critique s'était montrée assez favorable à son égard, elle n'avait pas manqué de souligner que *La petite poule d'eau* n'était en rien comparable à *Bonheur d'occasion*. Mêmes réactions aux États-Unis et en France où le roman ne décolla pas, ne dépassant pas, dans les deux cas, les trois ou quatre mille exemplaires vendus. On était loin du succès prodigieux de *Bonheur d'occasion*. Du reste, Harcourt Brace, la maison étasunienne qui avait pris le relais de Reynal and Hitchcock, et Flammarion l'avaient prévu. Ils avaient pris soin de prévenir Gabrielle Roy pour lui éviter un choc trop grand.

De fait, l'échec de *La petite poule d'eau* fut ressenti de façon terrible par Gabrielle Roy. Sa fatigue chronique de cette époque était probablement l'expression d'une profonde dépression. Elle avait des tendances cyclothymiques : elle passait par des moments d'euphorie intense suivis de périodes d'affaissement physique et moral épuisant.

C'est dans ces conditions qu'elle avait écrit *Alexandre Chenevert*, c'est-à-dire sans enthousiasme, comme un pensum. Ce livre, elle devait le finir coûte que coûte, mais cette fois-ci, contrairement à ce qu'elle avait espéré de *La petite poule d'eau*, elle n'en attendait rien de bon. Étrangement, ce roman renouait avec la manière de *Bonheur d'occasion*. Il traitait des grandes questions universelles : la guerre, la religion, la faim dans le monde, etc., mais il le faisait d'une manière complètement déconnectée du réel. Ces grandes questions étaient débattues à travers les soliloques d'Alexandre Chenevert, petit caissier sujet à des ruminations sans fin, ruminations qui le rongeaient de l'intérieur.

Le personnage offrait plusieurs points de ressemblance avec Gabrielle Roy : elle-même était aux prises avec des questions d'argent et de calculs sordides (particulièrement avec les membres de sa famille). Tout comme Alexandre, elle était affectée par des problèmes psychosomatiques de toutes sortes. Entre les deux, il y avait pour ainsi dire une symbiose, l'un s'alimentant de la propre névrose de celle qui lui avait donné naissance.

Les résultats, quant à eux, furent loin d'être encourageants : *Alexandre Chenevert* resta dans l'ombre. C'était un roman de la délectation morose plutôt déprimant et qui ne provoquait décidément pas l'admiration qu'avait suscitée *Bonheur d'occasion*.

Je me souviens de mon immense déception. J'avais été bouleversé, comme je l'ai dit, par la lecture de *Bonheur d'occasion*. J'attendais donc la même secousse de la suite des œuvres de Gabrielle Roy. Cette suite, ç'avait été pour moi *Alexandre Chenevert*, publié en 1954. Or voici que la grandeur de Gabrielle Roy se rétrécissait comme une peau de chagrin et que le monde enchanteur dans lequel j'avais été si délicieusement plongé se réduisait à des brûlures d'estomac et à des ruminations sans fin sur des sujets lointains. J'étais déçu.

Je n'étais pas le seul.

En fait, la réception critique de *Alexandre Chenevert* fut encore plus négative que celle de *La petite poule d'eau*. Avec la parution de ce roman, s'éteignaient les espoirs fondés sur Gabrielle Roy : cette femme n'était pas le grand écrivain qu'on avait espéré. Elle avait livré le meilleur d'elle-même d'un seul coup. Elle s'était en quelque sorte vidée de son génie dès son premier livre. C'était une immense déception parce que le Québec entier — le Canada aussi — voulait voir en elle un écrivain de stature internationale. Ce n'était pas le cas, et les ventes de son livre le lui faisaient bien sentir: elles étaient encore moindres que celles de *La petite poule d'eau*.

Les dés étaient jetés. Il ne fallait plus rien espérer.

Gabrielle Roy cependant vécut sa descente aux enfers sans jamais dévier de sa vocation d'écrivain. Elle souffrit, cela est plus qu'évident.

Et puis quand *Alexandre Chenevert* parut en 1954, elle comprit qu'elle en était à sa dernière année d'encaissement de ses droits sur *Bonheur d'occasion*. Ces 15 000 $ qu'elle recevait annuellement de son éditeur étasunien, elle ne les aurait plus dorénavant. Gabrielle, qui savait fort bien compter, ne pouvait en ignorer les conséquences. Ses revenus chuteraient d'au moins 75 %. Tout au plus pouvait-elle espérer 5 000 $ annuellement. Peut-être même moins.

Gabrielle n'était pas trop inquiète pour autant. Son mari était tout à fait à l'aise depuis qu'il avait quitté Montréal pour aller pratiquer dans la ville de Québec. Et puis, elle vivait de l'air du temps. Elle n'avait jamais été dépensière et ne le serait jamais. Elle pouvait se satisfaire de ce maigre salaire.

C'est donc sans illusion qu'elle poursuivit sa trajectoire. Les livres qu'elle écrivit étaient ceux qui lui convenaient. De cela, elle était convaincue, même si elle souffrait terriblement de constater que ceux-ci ne provoquaient pas l'engouement qu'elle aurait souhaité. De toute façon, des romans de la facture de *Bonheur d'occasion*, elle ne pourrait plus en écrire: elle était coupée presque entièrement du monde; les grandes questions sociales n'étaient plus au centre de ses préoccupations. Depuis son installation dans la ville de Québec, Gabrielle Roy vivait de plus en plus recluse. La journaliste qui avait découvert et décrit Saint-Henri n'existait plus.

Ainsi, on peut dire que la période qui s'étendit de 1950 à 1955 fut la plus dure que Gabrielle ait vécue dans son existence. Une sorte de métamorphose dont le processus ne se fit pas sans mal physique et moral, mais, une fois la transformation accomplie, Gabrielle Roy retrouva progressivement une sérénité qui la satisfaisait : les années de gloire étaient derrière elle, mais celles de l'écrivain qui traçait lentement son chemin n'étaient pas mortes pour autant. À vrai dire, jamais Gabrielle Roy n'avait envisagé d'abandonner l'écriture. C'est ce qu'elle avait choisi et c'est ce qu'elle voulait faire jusqu'à la fin de ses jours.

Quand parut *Rue Deschambault* (Beauchemin, 1955), cette vérité était acquise autant pour elle que pour la critique. Il y avait eu le temps de *Bonheur d'occasion*, puis il y avait l'autre qui se poursuivait. C'étaient deux moments déconnectés l'un de l'autre. Ce qu'il fallait regarder maintenant, c'était ce qui était devant soi et non le passé.

Rue Deschambault s'inscrivait dans cette logique et, d'une certaine façon, ce récit fut une consolation pour elle : les ventes furent bonnes au Québec et au Canada anglais ; la critique se montra positive. C'était tout ce que demandait dorénavant Gabrielle Roy, car le rêve d'une gloire internationale, c'était fini pour elle !

Pendant les cinq années qui suivirent, Gabrielle Roy ne publia pas, comme si elle voulait s'accorder un répit et mieux s'accepter elle-même.

C'est donc retirée en elle-même que Gabrielle Roy vécut, au début des années soixante, la fièvre nationaliste qui déferla sur le Québec, fièvre qui incita ceux qui la partageaient à balayer du revers de la main une partie du pays, le Canada anglais. Pour Gabrielle, il n'était pas question de séparation. Le Canada anglais lui collait toujours à la peau, peu importe les liens qui l'attachaient au Québec.

Comment, du reste, aurait-elle pu oublier ses parents, ses amis qui vivaient au Manitoba ou ailleurs dans le reste du Canada? Les renier aurait été pour elle anéantir une partie d'elle-même, une partie de sa vie. Pire, ç'aurait été renier l'œuvre de son père qui avait « établi » tant de nouveaux venus sur les terres de l'Ouest canadien. Pour elle, le Canada était un pays d'accueil, un grand pays, un pays capable de recevoir en son sein des cultures différentes.

Et puis, cette idée de la séparation lui venait d'autant moins à l'esprit qu'elle entretenait une correspondance des plus cordiales avec ses amis anglophones qui l'avaient fait connaître partout au pays. Fédéraliste, Gabrielle Roy l'était et le resterait toute sa vie. Une seule fois, elle se risqua à faire une déclaration en ce sens. Elle le regretta, elle n'en fit plus d'autres.

Ainsi, lorsque Gabrielle Roy entra dans les années soixante, elle savait qu'elle écrirait dorénavant selon son bon vouloir sans se préoccuper de ce qu'il arriverait à ses récits. Ils étaient l'essentiel de ce qu'elle était, peu importe ce qu'on en dirait et ce qu'on en penserait.

Gabrielle savait qu'elle avait un public fidèle et que ce dernier la supporterait toujours. De toute façon, ses livres se vendaient de façon constante et lui rapportaient, à mesure qu'elle en écrivait, des revenus convenables. En somme, elle était satisfaite de sa condition.

C'est dans cet état d'esprit qu'elle fit paraître, au cours de la décennie, *La montagne secrète* en 1961, *La route d'Altamont* en 1966 et *La rivière sans repos* en 1970, trois romans dont les sujets étaient fort différents les uns des autres. *La montagne secrète*, c'était la quête d'un artiste, à la fois hommage à son ami René Richard et autoportrait déguisé de Gabrielle Roy. *La route d'Altamont*, un recueil de quatre récits racontés par Christine, dont le dernier traitait de la mère, sujet cher à Gabrielle Roy. Quant à *La rivière sans repos* (précédé de trois nouvelles esquimaudes), c'était un récit qui tentait de saisir l'esprit du nord canadien, écrit à la suite d'un voyage qu'elle fit à Fort-Chimo[1].

De ces trois parutions, c'est *La montagne secrète* qui fut le mieux reçu. La raison en était simple : c'était le seul livre qui fût véritablement un roman, les deux autres étant, peu importe le titre qu'on leur ait donné, des nouvelles ou des récits. Il y avait aussi que *La montagne secrète* était incontestablement le plus réussi et le plus beau de tous les écrits que Gabrielle Roy eût publiés depuis *Bonheur d'occasion*.

Je me souviens de l'émotion qui m'avait étreint à sa lecture. Ce livre me faisait croire à nouveau en Gabrielle Roy. Il se pouvait aussi que ce roman lui eût redonné un peu confiance en elle.

1. Fort-Chimo porte de nos jours le nom de Kuujjuak.

Mais le fait est que Gabrielle Roy dut attendre 1977, c'est-à-dire trente-deux ans, avant de renouer véritablement avec son public et la critique. Ce livre, *Ces enfants de ma vie*, fut reçu avec un soupir de soulagement. Voilà qu'on reconnaissait la voix de Gabrielle. Par rapport à celle de *Bonheur d'occasion*, elle était certes totalement différente, mais le ton ne trompait pas : Gabrielle Roy avait trouvé un sujet et une manière de dire les choses qui enchantaient.

Ces enfants de ma vie, c'était l'histoire, remaniée, réinterprétée bien sûr, de l'enseignante qu'elle avait été. Il y avait dans ces récits une manière qui rappelait indéniablement les reportages qu'elle avait réalisés sur les communautés ethniques de l'Ouest canadien. Du reste, ces reportages allaient être publiés un an plus tard, en 1978, par les Éditions Quinze.

À ce moment, la roue venait de tourner dans l'autre sens. Tout à coup, Gabrielle Roy, qui vivait d'une gloire acquise en 1947, semait l'engouement chez les lecteurs québécois. Elle pouvait enfin se dire que sa mission était accomplie. Le malheur voulut qu'elle fût à deux pas de la mort. De fait, elle mourut le 13 juillet 1983 sans avoir pu savourer le succès phénoménal que constitua la parution de *La détresse et l'enchantement*, publié chez Boréal en 1984.

Et c'est précisément ce destin qui me rendait infiniment triste et en même temps admiratif. Je voyais la souffrance accumulée, le dépit et peut-être aussi la rage de ne pas être comprise. Comment cette femme avait-elle pu endurer autant de rebuffades du public et de la critique sans jeter la serviette ?

« Est-ce ainsi que les écrivains vivent ? » me demandai-je en parodiant Léo Ferré. Immobile dans mon auto, il me semblait que cette leçon avait de quoi désespérer tout écrivain en herbe. « Tout ce travail, pour si peu. » Et, malgré tout, je conservais mon admiration pour cette femme qui n'avait toujours cru qu'en une seule chose : l'écriture.

Et tout à coup, l'immensité et la beauté du personnage me frappèrent de plein fouet. Il y avait quelque chose de si beau chez elle que j'éclatai enfin en sanglots en songeant à son immense souffrance.

Je pleurai tout mon soûl, puis, soulagé, je remis le moteur en marche et partis en direction de Baie-Saint-Paul. C'est là que je coucherais. À l'auberge Otis. Parce que je savais que je pouvais encore y manger et satisfaire ma faim.

Je le pus. Et c'est assis à une table du restaurant que je retrouvai un certain calme.

Tout au long du repas, je me remémorai chaque événement. Je n'arrivais pas à y croire. En même temps, je me disais que tout cela devait rester entre elle et moi.

De fait, je n'aurais jamais eu l'idée d'écrire ce livre si la biographie de François Ricard n'était pas venue lever le voile sur ce personnage fascinant qu'est Gabrielle Roy.

Après avoir dégusté un délicieux carré d'agneau accompagné d'une demi-bouteille de bordeaux, je me sentis rassasié. Rendu à ma chambre, je me jetai dans mon lit en me disant que, tôt le lendemain, je filerais vers Montréal où m'attendaient mes occupations coutumières...

Épilogue

Quand je me réveillai le lendemain matin, l'image de Gabrielle Roy me revint aussitôt en mémoire. Je me dis qu'il serait de bon ton de lui téléphoner pour prendre de ses nouvelles. Mais aussitôt un tas de raisons pour ne pas le faire assaillirent mon esprit. D'abord, je ne connaissais pas son numéro de téléphone à Petite-Rivière-Saint-François. Et puis sans doute n'avait-elle pas le téléphone et utilisait-elle, en cas de nécessité, celui de Berthe. Dans tous les cas, il était trop tôt pour le faire.

Procrastination !

Aussitôt habillé, je décidai de sauter dans mon auto et de filer vers Montréal. Le restaurant de l'hôtel n'ouvrait qu'une demi-heure plus tard. « Je trouverai bien un casse-croûte sur la route », me dis-je.

De fait, j'en repérai un à l'entrée du village. J'y pris un café et des toasts, après quoi je filai vers Québec. Il m'était impossible de ne pas m'arrêter dans cette ville. Québec était ma cité préférée. J'y venais assez souvent, m'installais quelques jours au Clarendon et me ressourçais dans cette bourgade Vieille-France qui me donnait un peu l'impression d'être à Paris où j'avais vécu quelques années. Ces séjours me faisaient toujours un grand bien. J'aimais le Château Frontenac

Gabrielle Roy, accompagnée du peintre René Richard
et de Mgr Félix-Antoine Savard.
« Gabrielle Roy avait choisi d'être écrivain. Le reste
n'avait pas de véritable importance pour elle, sinon
la fidélité souvent douloureuse à son mari et l'amitié
qu'elle portait à quelques personnes. » (p. 135)

et les rues qui le bordaient. Je les arpentais avec un plaisir chaque fois renouvelé. Puis je me rendais dans la vieille cité reconstruite en bas de la côte, tout près du fleuve. Il me semblait, malgré l'activité commerciale qui animait cette place, que je reculais dans le temps. J'avais surtout l'impression de me trouver dans une ville qui avait une histoire plus longue que celle de Montréal, laquelle était essentiellement une ville anglophone où il restait peu de choses de la période française.

Cette fois-ci, je me contentai de faire un arrêt près du Château Frontenac. Dans la rue du Trésor, je dénichai une petite lithographie que j'achetai sans me poser de questions. Elle représentait un rideau que le vent repoussait, laissant la fenêtre entrouverte. Un vent indiscret, en somme, qui permettait au curieux d'y regarder à la sauvette, peut-être d'observer son occupant à son insu. C'était beau et simple.

Après avoir arpenté la vieille ville à satiété, je pris un sandwich sur le pouce et filai vers Montréal. Le trajet était d'une telle platitude que, pour ne pas m'endormir, je fis un court arrêt à Drummondville, le temps d'ingurgiter un café, après quoi je parcourus d'une traite la distance qui me séparait de Montréal.

Le dirai-je ? La vie suivit son cours comme si de rien n'était. J'enseignais, j'écrivais des comptes rendus et des articles. Je songeais le moins possible à ma rencontre avec Gabrielle Roy dont je n'avais parlé à qui que ce soit. Chaque fois que le souvenir de cette journée refaisait surface, je le repoussais comme un intrus. En fait, je me sentais honteux d'avoir profité de l'état nerveux de Gabrielle Roy en plus de l'avoir profondément déçue. Pour moi, cet épisode devait rester secret, tout simplement parce qu'il me culpabilisait.

Et si au moins j'avais pu lui rendre un dernier hommage. Lorsque Gabrielle Roy mourut le 13 juillet 1983, j'étais en Europe pour un séjour qui dura plus d'un mois. Quand j'appris la nouvelle à mon retour, j'eus un moment de grande tristesse, mais je me consolai en me disant que Gabrielle Roy avait accompli son destin, que peut-être elle avait trouvé un repos qui l'avait soulagée. La mort peut nous surprendre, mais nous pouvons aussi l'appeler à nous secrètement...

Je crois bien que c'est ce qu'elle a fait. L'écriture l'épuisait, et la vie elle-même n'avait rien de très agréable pour elle. Elle était rendue au bout de son rouleau et, la mort, elle la percevait sans doute comme une délivrance.

Après son décès, on a bien vu que cette femme avait été une fourmi qui avait accumulé des biens toute sa vie. Malgré les échecs littéraires successifs qu'elle avait connus, elle avait trouvé le moyen d'engranger 565 000 $, une somme plutôt colossale. Mais cette fortune, elle en avait peu profité. Elle était ainsi faite que les dépenses injustifiées lui déplaisaient souverainement.

Gabrielle Roy avait choisi d'être écrivain. Le reste n'avait pas de véritable importance pour elle, sinon la fidélité souvent douloureuse à son mari et l'amitié qu'elle portait à quelques personnes. Sa vie ressemblait sur bien des points à celle des vestales, ces prêtresses vierges chargées d'entretenir le feu sacré. Pour Gabrielle Roy, ce feu sacré, c'était la littérature.

Les années ont passé depuis sa mort. J'entre moi aussi dans cette période qu'il faut bien appeler la vieillesse. L'admiration que je porte à Gabrielle Roy est toujours aussi vive. Et c'est ce que j'ai voulu lui signifier en écrivant ce livre. J'ai tenté de montrer qu'elle est un exemple de courage pour tous et un modèle pour moi.

Je vous embrasse, Gabrielle. Je sais que vous ne l'auriez sûrement pas permis de votre vivant, mais j'ose le faire maintenant que le temps a effacé toute trace de vous et que je ne puis que chérir votre souvenir et les écrits que vous avez laissés…

Juillet 2003, vingt ans après la mort de
Gabrielle Roy, survenue le 13 juillet 1983

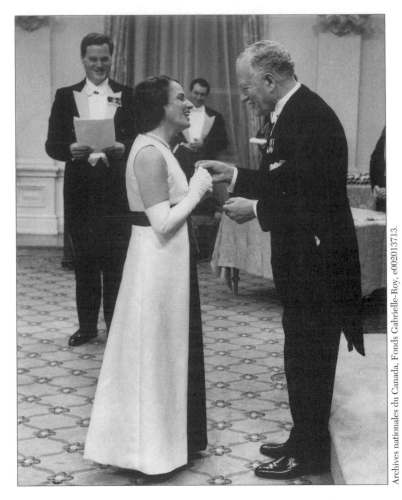

Roland Michener, gouverneur général du Canada,
confère à Gabrielle Roy le titre de compagnon
de l'Ordre du Canada en 1967.

Chronologie
Gabrielle Roy
(1909-1983)

Établie par Michèle Vanasse

GABRIELLE ROY ET SON MILIEU

1883
Léon Roy, originaire du Québec et rapatrié de la Nouvelle-Angleterre, s'établit dans la paroisse Saint-Alphonse de la municipalité rurale de Lorne, au Manitoba; créée en 1870, au lendemain de la première révolte des Métis, la province est alors officiellement bilingue et dotée d'un système d'éducation confessionnelle.

1886
Mariage de Léon Roy, 36 ans, et d'Émilie (Mélina) Landry, 19 ans, à Saint-Léon (Manitoba) où la famille Landry, originaire de Saint-Alphonse-de-Rodriguez (Québec), s'est installée en 1881. Ils auront 11 enfants: Joseph, Anna, un fils (décédé à l'âge de

LE CANADA ET LE MONDE

1883
Québec: début de la colonisation du Témiscamingue.

Fondation du Parti communiste russe.

1886
Québec: à la suite de l'exécution de Louis Riel survenue en 1885, Honoré Mercier fonde le Parti national. Il succède au conservateur L.-Olivier Taillon l'année suivante.

GABRIELLE ROY ET SON MILIEU

3 mois), Agnès (décédée à l'âge de 14 ans), Adèle, Clémence, Bernadette, Rodolphe, Germain, Marie-Agnès (décédée à l'âge de 4 ans) et Gabrielle.

Laure Conan publie une brochure patriotique, *Si les Canadiennes le voulaient.*

1897
Devenu agent d'immigration pour le gouvernement fédéral, Léon Roy installe sa famille dans la « maison rouge » de Saint-Boniface.

Le poète Émile Nelligan devient membre de l'École littéraire de Montréal.

1905
Léon Roy supervise la construction d'une grande demeure conforme aux besoins de sa famille au numéro 15 de la rue Descham-

LE CANADA ET LE MONDE

Canada : inauguration du chemin de fer transcontinental.

États-Unis : inauguration de la statue de la Liberté à New York pour commémorer l'alliance des Français et des Américains.

Parution : *Illuminations* d'Arthur Rimbaud.

1890
Manitoba : le cabinet libéral de Thomas Greenway fait abolir l'usage du français dans l'appareil administratif et judiciaire de la province et interdit le financement public des écoles catholiques.

1897
Canada : compromis Laurier-Greenway sur les écoles du Manitoba qui permet aux professeurs d'enseigner dans les deux langues dans les établissements qui accueillent un nombre spécifique d'élèves francophones.

France : à Paris, le prix Femina est créé par le magazine féminin *Vie heureuse.*

Parutions : *Les nourritures terrestres* d'André Gide, *Cyrano de Bergerac* d'Edmond Rostand.

1905
Canada : entrée de l'Alberta et de la Saskatchewan dans la Confédération.

GABRIELLE ROY ET SON MILIEU

bault, dans un quartier qui commence à se développer et sera peuplé presque entièrement de Canadiens français.

1909
Naissance le 22 mars de Marie Rose Emma Gabrielle. Les décès d'Agnès et de Marie-Agnès en 1906 et en 1910 feront que la dernière-née sera entourée des soins et de l'attachement de tous les autres membres de la famille.

1914
Publication du roman de Louis Hémon, *Maria Chapdelaine*, dans la revue *Le Temps* de Paris.

Le roman *Le débutant* d'Arsène Bessette est condamné par Mgr Bruchési.

Naissance de Félix Leclerc à La Tuque (Québec).

1915
La famille Roy connaît de graves difficultés financières à la suite de la mise à pied de Léon

Gabrielle entreprend ses études primaires chez les sœurs des Saints-Noms de Jésus et de Marie, à l'Académie Saint-Joseph de Saint-Boniface.

LE CANADA ET LE MONDE

1909
Crise dans les Balkans: la Russie, qui soutient la Serbie, accepte l'annexion de la Bosnie-Herzégovine par l'Autriche, contre son gré.

L'Américain Robert Edwin Peary est le premier explorateur à atteindre le pôle Nord.

1914
Première Guerre mondiale: d'un côté, l'Autriche et l'Allemagne; de l'autre, la Russie, la France et la Grande-Bretagne.

Canada: le Parlement d'Ottawa soutient la cause de l'Empire britannique.

1915
Italie: entrée en guerre du côté des Alliés.

France: début de la guerre des tranchées.

Turquie: début de l'extermination systématique des Arméniens.

Albert Einstein énonce sa théorie générale de la relativité.

Gabrielle Roy

GABRIELLE ROY ET SON MILIEU	LE CANADA ET LE MONDE
	Parution : *La métamorphose* de Franz Kafka.
1916 L'Académie Saint-Joseph doit se conformer à la nouvelle réglementation, mais contourne la loi en ajoutant des heures de cours de français non rémunérées pour leurs élèves francophones. Les notes de Gabrielle sont très moyennes jusqu'en 7ᵉ année. À partir de l'âge de 8 ans, elle souffre fréquemment de troubles physiques et son père la surnomme « Petite Misère ».	**1916** Manitoba : le Parlement manitobain adopte la loi Thornton qui limite à une heure par jour l'enseignement de toute autre langue que l'anglais. Création de l'Association d'éducation des Canadiens français du Manitoba (AECFM) dont le but est d'y assurer la survivance française.
	1918 Fin de la guerre, l'armistice est signé le 11 novembre.
1921 Gabrielle, malade et dépressive, rate son année scolaire. Comme chaque année, elle passe ses vacances d'été à Somerset chez l'oncle Excide Landry (frère de sa mère) et la tante Luzina, parents de Léa, d'Éliane, d'Alberta (sœur Rose-Éliane). Elle s'adonne surtout à la marche et à l'équitation.	**1921** Canada : le libéral Mackenzie King est élu premier ministre. Chine : fondation du Parti communiste chinois. Mao Zedong est parmi les fondateurs.
1923 À partir de sa 8ᵉ année, transformée, pleine d'énergie et de détermination, Gabrielle arrive à la tête de sa classe. Au concours de composition française de l'AECFM, meilleure parmi toutes les élèves francophones de la province, elle	**1923** Allemagne : Adolf Hitler, président du Parti national-socialiste (NSDAP), déclenche à Munich un putsch qui échoue et le conduit en prison.

GABRIELLE ROY ET SON MILIEU

remporte le premier prix. Elle répète l'exploit jusqu'en 1928. Au grand concours littéraire organisé par *Le Devoir* de Montréal, elle se classe deuxième.

1928
Gabrielle termine sa 12e année et reçoit l'une des médailles du lieutenant-gouverneur du Manitoba décernées aux meilleures élèves de la province.

Études pédagogiques à la Provincial Normal School de Winnipeg.

1929
Mort de Léon Roy.

Gabrielle reçoit son brevet d'institutrice au niveau élémentaire et enseigne quelques semaines au village métis de Marchand (sud-est du Manitoba) et 10 mois à l'école Saint-Louis de Cardinal.

Le poète Alfred DesRochers publie *À l'ombre de l'Orford*.

1930
Gabrielle enseigne à l'institut Provencher de Saint-Boniface.

Elle participe aux activités du cercle Molière de Saint-Boniface,

LE CANADA ET LE MONDE

Japon : la région de Tokyo est anéantie par un séisme d'une ampleur exceptionnelle.

Turquie : Mustafa Kemal proclame la République turque.

1928
Paris : signature du pacte Briand-Kellogg, qui condamne le recours à la guerre pour régler les différends internationaux.

Parutions : *Nadja* d'André Breton, *L'amant de Lady Chatterley* de D. H. Lawrence.

1929
États-Unis : le jeudi noir, 24 octobre, la Bourse de New York s'effondre, c'est le krach de Wall Street et le début de la grande dépression qui va s'étendre à tout l'Occident.

Parutions : *Les enfants terribles* de Jean Cocteau, *Lettres à un jeune poète*, œuvre posthume de Rainer Maria Rilke, *À l'ouest rien de nouveau*, roman pacifiste d'Erich Maria Remarque, *L'adieu aux armes* d'Ernest Hemingway, *Le soulier de satin* de Paul Claudel.

1930
Canada : victoire des conservateurs de Richard Bennett.

France : début de la construction de la « ligne Maginot », une ligne

GABRIELLE ROY ET SON MILIEU

théâtre amateur, dirigé par le journaliste Arthur Boutal et sa femme, Pauline LeGoff, artiste peintre.

1934
Gabrielle publie sa première nouvelle, en anglais, « The Jarvis Murder Case » dans le *Winnipeg Free Press*. Elle joue dans *Blanchette*, d'Eugène Brieux, qui remporte le trophée Bessborough au Festival d'art dramatique d'Ottawa.

Parution : *Poèmes* d'Alain Grandbois.

1936
Dans le *Toronto Star Weekly*, une deuxième nouvelle est publiée en anglais, « Jean-Baptiste Takes a Wife », alors que deux nouvelles sont publiées en français dans *Le Samedi* à Montréal, « La grotte de la mort » et « Cent pour cent d'amour ».

Gabrielle joue dans *Les sœurs Guédonnec* de Jean-Jacques Bernard qui remporte le trophée Bessborough. Elle décide de devenir comédienne.

Parution : *Leur inquiétude* de François Hertel ; Claude-Henri Grignon commence à publier le périodique *Les Pamphlets de Valdombre*.

LE CANADA ET LE MONDE

de fortifications reliées par des souterrains et destinées à protéger la Lorraine et la Basse-Alsace.

1934
Chine : à la tête des communistes chinois, Mao Zedong entame la Longue Marche afin d'obtenir le soutien actif de la population et de faire une révolution paysanne plutôt que prolétarienne.

Parution : *Tropique du Cancer* de Henry Miller.

1936
Québec : démission du chef libéral Louis-Alexandre Taschereau, remplacé par Adélard Godbout. Victoire électorale de Maurice Duplessis à la tête de l'Union nationale.

France : Léon Blum, chef socialiste, préside le premier gouvernement du Front populaire.

Alliance de l'Allemagne hitlérienne et de l'Italie fasciste.

Espagne : début de la guerre civile entre les nationalistes du général Franco et les républicains.

Parutions : *Humanisme intégral* de Jacques Maritain, *Le journal d'un curé de campagne* de Georges Bernanos.

GABRIELLE ROY ET SON MILIEU

1937

Durant l'été, Gabrielle obtient un poste temporaire à l'île de la Petite Poule d'Eau.

À l'automne, elle quitte le Canada pour un séjour de deux ans en Europe afin d'étudier l'art dramatique avec Charles Dullin, à Paris, qu'elle quitte bientôt pour Londres où elle s'inscrit à la Guildhall School of Music and Drama.

Parutions : *Menaud, maître-draveur* de l'abbé Félix-Antoine Savard, *Regards et jeux dans l'espace* de Saint-Denys Garneau.

1938

Bien reçue dans les salons de l'aristocratie anglaise qui accueille des étudiants canadiens, Gabrielle séjourne souvent à la campagne, notamment chez Esther Perfect à Upshire.

Au cours de l'été, l'hebdomadaire parisien *Je suis partout* et les journaux canadiens *La Liberté*, *Le Devoir* et *The Northwest Review* publient des textes de Gabrielle qui décide de renoncer au théâtre et de se consacrer à l'écriture.

Parution : *Trente arpents* de Ringuet.

1939

En France, Gabrielle voyage trois mois, de la Provence aux Pyrénées.

LE CANADA ET LE MONDE

1937

Grande-Bretagne : couronnement de George VI.

Espagne : bombardement de Guernica par l'aviation allemande. L'événement est immortalisé par une toile de Picasso présentée à l'Exposition universelle de Paris.

Parutions : *L'espoir* d'André Malraux, *Des souris et des hommes* de John Steinbeck.

1938

Anschluss : par un coup de force, Hitler rattache l'Autriche au Reich allemand.

Accords de Munich : la France et l'Angleterre, par crainte d'un conflit, acceptent l'annexion du territoire des Sudètes, une partie de la Tchécoslovaquie, par Hitler.

Parution : *La nausée*, premier roman de Jean-Paul Sartre.

1939

Québec : victoire électorale du libéral Adélard Godbout.

GABRIELLE ROY ET SON MILIEU

De retour au Canada, elle s'installe à Montréal. Journaliste pigiste, elle publie des articles et des nouvelles dans *Le Jour* et *La Revue moderne*, dont le directeur littéraire est Henri Girard avec qui Gabrielle entretiendra une relation privilégiée pendant sept ans. À la radio, elle tient le rôle de Colette d'Avril dans *Vie de famille*, un feuilleton d'Henri Deyglun.

Parutions : *J'parle pour parler* de Jean Narrache, *Le beau risque* de François Hertel.

1940
Gabrielle, qui participe aux activités du Mont-Royal Théâtre français, soumet une pièce, *La femme de Patrick*, à son concours de pièces canadiennes en un acte ; elle se classe troisième.

Elle entre au *Bulletin des agriculteurs* qui lui offre un emploi stable et un revenu assuré. En reportage en Gaspésie, elle séjourne à Port-Daniel et s'occupe à lire et à écrire. Inspirée par le décor gaspésien, elle publie les nouvelles « Les petits pas de Caroline » et « La dernière pêche », à l'automne. Signé Aline Lubac, paraît aussi « Le joli miracle ».

LE CANADA ET LE MONDE

Seconde Guerre mondiale : le 1er septembre, l'invasion de la Pologne par l'Allemagne incite la France et la Grande-Bretagne à lui déclarer la guerre.

Canada : déclaration de guerre à l'Allemagne le 10 septembre.

États-Unis : le pays reste neutre dans le conflit.

Espagne : victoire du général Franco.

Parutions : *Terre des hommes* d'Antoine de Saint-Exupéry, *Les raisins de la colère* de John Steinbeck.

1940
Grande-Bretagne : Winston Churchill devient premier ministre.

Italie : entrée en guerre aux côtés de l'Allemagne.

Capitulation de la France : alors que le gouvernement du maréchal Pétain s'installe à Vichy, le général Charles de Gaulle appelle les Français à la résistance et forme les Forces françaises libres.

Parutions : *La puissance et la gloire* de Graham Greene, *Pour qui sonne le glas* d'Ernest Hemingway.

GABRIELLE ROY ET SON MILIEU

1941

À l'occasion du tricentenaire de la ville de Montréal, Gabrielle présente une série d'articles, «Tout Montréal», dans *Le Bulletin des agriculteurs*.

Durant l'été, vacances en Gaspésie; après un reportage sur la Côte-Nord, elle suit un groupe de colons madelinots en Abitibi et tire de cette expédition une série de sept reportages, «Ici l'Abitibi».

1942

Pendant l'hiver, Gabrielle séjourne à Rawdon, chez les Tinkler, où elle apprécie la tranquillité pour écrire.

En reportage pendant quatre mois dans l'Ouest pour *Le Bulletin des agriculteurs* et *Le Canada*, elle retourne pour la première fois au Manitoba durant l'été.

Au cours de l'automne paraîtront plusieurs articles, dans les séries «Regards sur l'Ouest» et «Peuples du Canada». Elle retrouve Adèle en Alberta où elle passe deux mois et s'arrête chez sa mère sur le chemin du retour vers Montréal.

1943

Décès de Mélina Roy.

Gabrielle décide de s'installer à Rawdon de façon permanente.

Publication dans le *Bulletin des agriculteurs* des nouvelles «La

LE CANADA ET LE MONDE

1941

URSS: entrée en guerre contre l'Allemagne.

États-Unis: attaque des Japonais sur Pearl Harbor, à Hawaii, le 7 décembre. Les Américains déclarent la guerre au Japon et à ses alliés, l'Allemagne et l'Italie.

Parution: *Le zéro et l'infini* d'Arthur Koestler.

1942

Canada: à la suite d'un plébiscite tenu le 27 avril, le Parlement canadien adopte le projet de loi n° 80 permettant la conscription. Maxime Raymond fonde le Bloc populaire, parti des opposants québécois à la conscription.

URSS: bataille de Stalingrad.

France: débarquement meurtrier à Dieppe; près de la moitié des Canadiens qui y participent sont tués.

Parution: *L'étranger* d'Albert Camus.

1943

Québec: entrée en vigueur de la Loi de l'instruction obligatoire.

Canada: tenue de la Conférence de Québec entre Churchill et Roosevelt afin d'accélérer la préparation du débarquement vieille fille », « La grande Berthe » et « La pension de vieillesse ».

Parutions : *Adagio* de Félix Leclerc, *Anthologie de la poésie canadienne-française* de Guy Sylvestre, *L'abatis* de Félix-Antoine Savard.

1944
Début de la parution d'une série d'articles intitulée « Horizons du Québec » dans le *Bulletin* qui, n'ayant plus les mêmes ressources financières, rompt son contrat avec Gabrielle ; celle-ci redevient pigiste.

Victor Barbeau fonde l'Académie canadienne-française.

Parutions : *Au pied de la pente douce* de Roger Lemelin, *Contes pour un homme seul* d'Yves Thériault, *Les îles de la nuit* d'Alain Grandbois, *Allegro* et *Andante* de Félix Leclerc.

1945
Publication aux Éditions Pascal, fondées par Gérard Dagenais en 1944, à Montréal, de *Bonheur d'occasion*. Le livre connaît un énorme succès et Gabrielle est une vedette dans le monde littéraire local ; Jean-Marie Nadeau devient son avoué et son agent littéraire. Tous ses droits lui sont rétrocédés ; deuxième tirage du livre.

dans la péninsule italienne et en Normandie.

Parutions : *Le petit prince* d'Antoine de Saint-Exupéry, *Les mouches* et *L'être et le néant* de Jean-Paul Sartre.

1944
Québec : l'Union nationale de Maurice Duplessis reprend le pouvoir.

Italie : les Américains marchent sur Rome.

France : le 6 juin, débarquement allié en Normandie sous le commandement du général américain Dwight D. Eisenhower.

Pacifique : intervention massive des forces américaines qui refoulent les Japonais et progressent en direction du Japon.

1945
Canada : réélection de Mackenzie King.

Europe : capitulation de l'Allemagne le 7 mai et fin de la guerre. Découverte des camps nazis.

Japon : une bombe atomique est larguée sur Hiroshima le 6 août et sur Nagasaki le 9 août ; capitulation le 2 septembre.

GABRIELLE ROY ET SON MILIEU

Parutions : *Le Survenant* de Germaine Guèvremont, *Avant le chaos* d'Alain Grandbois.

1946
Troisième et quatrième tirages de *Bonheur d'occasion*.

Gabrielle séjourne deux mois en Californie pour trouver solitude et repos.

Elle reçoit la médaille Richelieu de l'Académie canadienne-française.

Parution : *Pieds nus dans l'aube* de Félix Leclerc.

1947
Bonheur d'occasion est traduit en anglais sous le titre *The Tin Flute* ; choisi livre du mois par la Literary Guild of America, il reçoit également le Prix du Gouverneur général au Canada. Les droits cinématographiques sont achetés par la Universal Pictures.

Le 30 août, Gabrielle épouse le Dr Marcel Carbotte, médecin à l'hôpital de Saint-Boniface et président du cercle Molière, à Saint-Vital (Manitoba).

LE CANADA ET LE MONDE

Première assemblée de l'Organisation des Nations unies (ONU), dont le rôle est de maintenir la paix dans le monde et de veiller au maintien des droits fondamentaux de l'homme. Le Canada en devient membre.

États-Unis : mort de Roosevelt ; Harry S. Truman lui succède.

1946
Winston Churchill nomme les pays sous domination soviétique «pays du rideau de fer».

France : début de la guerre d'Indochine (Viêtnam).

États-Unis : mise au point de l'ordinateur électronique.

1947
Inde : la Grande-Bretagne lui accorde son indépendance. Elle se divise en deux États indépendants : l'Union indienne et le Pakistan.

États-Unis : la «doctrine Truman» cherche à endiguer les progrès du communisme, et le plan Marshall vise la reconstruction de l'Europe.

Parutions : *La peste*, d'Albert Camus, *Le journal d'Anne Frank*.

GABRIELLE ROY ET SON MILIEU

Elle est reçue à la Société royale du Canada en septembre.

L'édition parisienne de *Bonheur d'occasion*, publiée chez Flammarion, obtient le prix Femina. Les Carbotte partent vivre à Paris où Marcel poursuit sa spécialisation en gynécologie.

1948
Gabrielle passe l'été seule à Concarneau, en Bretagne, afin de se consacrer entièrement à l'écriture, mais celle-ci lui fait faux bond.

Création de *Tit-Coq*, de Gratien Gélinas.

Parution du manifeste du groupe des automatistes dont Paul Émile Borduas est l'instigateur, *Refus global*.

1949
Gabrielle consacre sa dernière année en Europe à l'écriture de *La petite poule d'eau*; à cet effet, elle passe deux mois à Upshire chez son amie Esther Perfect.

Parution de *Poésies complètes* de Saint-Denys Garneau; le recueil réunit *Regards et jeux dans l'espace* et une série de 61 poèmes intitulée « Les solitudes ».

LE CANADA ET LE MONDE

1948
Québec : réélection de l'Union nationale de Maurice Duplessis. Adoption du drapeau fleurdelisé.

Canada : Louis Saint-Laurent, libéral, devient premier ministre.

Inde : assassinat du leader nationaliste Gandhi.

Proclamation par David Ben Gourion de l'État d'Israël.

1949
Canada: victoire libérale de Louis Saint-Laurent. Le pays devient membre de l'OTAN, l'Organisation du traité de l'Atlantique Nord. Terre-Neuve devient la dixième province canadienne.

Naissance de la République fédérale d'Allemagne (RFA), intégrée au bloc occidental, et de la République démocratique allemande (RDA), intégrée au bloc soviétique.

Chine : Mao Zedong proclame la République populaire de Chine.

GABRIELLE ROY ET SON MILIEU

LE CANADA ET LE MONDE

Afrique du Sud : mise en vigueur de l'apartheid.

Parution : *Le deuxième sexe* de Simone de Beauvoir.

1950

Les Carbotte reviennent au Québec et s'installent dans la ville de LaSalle ; Marcel ne réussit pas à se trouver un poste dans un hôpital.

Publication à Montréal de *La petite poule d'eau*. Dans l'ensemble, les critiques sont négatives.

L'état de santé de Gabrielle se détériore et elle doit subir une thyroïdectomie.

Parutions : *La fin des songes* de Robert Élie, *Le torrent* d'Anne Hébert, *Escales* de Rina Lasnier.

1951

La petite poule d'eau paraît à Paris et passe inaperçu ; à New York, le livre est publié sous le titre *Where Nests the Water Hen*.

Gabrielle reprend l'écriture du roman *Alexandre Chenevert* qu'elle a commencé en 1948, à Genève.

Parution : *L'héritier* de Simone Bussières.

1952

Alors que son mari trouve un poste à Québec, Gabrielle retourne à Rawdon, puis à Port-Daniel

1950

Québec : Paul-Émile Léger est nommé archevêque de Montréal. Gérard Pelletier et Pierre Elliott Trudeau fondent *Cité libre*, une revue qui s'attaque aux thèmes du nationalisme traditionaliste.

Guerre de Corée : la Corée du Nord communiste attaque la Corée du Sud. Intervention des troupes de l'ONU sous le commandement du général américain Douglas MacArthur.

1951

Canada : publication du rapport de la commission Massey sur les arts, les lettres et les sciences, qui assigne à l'État un rôle de protecteur et de bailleur de fonds.

Allemagne : fin du régime d'occupation.

1952

Canada : début de la télévision canadienne de langue française avec la station CBFT.

GABRIELLE ROY ET SON MILIEU

terminer *Alexandre Chenevert*. Le roman achevé, elle s'installe à Québec avec son mari au Château Saint-Louis.

Publication de la première édition critique des poésies d'Émile Nelligan, *Poésies complètes, 1896-1899*.

1953
Séjour de Gabrielle à Tangent chez sa sœur Adèle à qui elle déconseille de publier *Le pain de chez nous*, récit qui raconte le passé de leur famille et qui présente un portrait peu flatteur de Gabrielle.

1954
Publication à Montréal et à Paris d'*Alexandre Chenevert*, reçu avec beaucoup de froideur.

Parution du *Pain de chez nous*, de Marie-Anna Roy (Adèle), qui ne connaît pas de succès. Au printemps, séjour de Gabrielle au Manitoba, chez Anna qui rassemble les sœurs ; Gabrielle et Adèle se voient pour la dernière fois.

Fondation des *Écrits du Canada français*.

Adrienne Choquette obtient le prix David pour *La nuit ne dort pas* ; parution du *Journal* de Saint-Denys Garneau.

LE CANADA ET LE MONDE

États-Unis : Dwight D. Eisenhower, républicain, est élu président.

Grande-Bretagne : Elizabeth II succède à George VI.

Parutions : *Le vieil homme et la mer* d'Ernest Hemingway, *À l'est d'Éden* de John Steinbeck.

1953
URSS : Khrouchtchev devient secrétaire général du Parti communiste à la mort de Staline.

Corée : fin de la guerre.

1954
France : fin de la guerre d'Indochine ; les accords de Genève partagent le Viêtnam en deux États, le Viêtnam du Nord et le Viêtnam du Sud. Début de la guerre d'Algérie.

Parutions : *Les mandarins* de Simone de Beauvoir, *Port-Royal* de Henry de Montherlant.

Écrire, une vocation

GABRIELLE ROY ET SON MILIEU

1955

Parution de la traduction anglaise d'*Alexandre Chenevert, The Cashier*.

Parution à Montréal et à Paris de *Rue Deschambault*. Adèle accuse Gabrielle de plagiat.

Gabrielle passe deux mois en France et quelques semaines à Dollard, en Saskatchewan, chez son frère aîné, Joseph, qu'elle n'a pas vu depuis 30 ans.

1956

Parution de la traduction anglaise de *Rue Deschambault, Street of Riches*, un succès au Canada anglais mais pas aux États-Unis.

Gabrielle reçoit le prix Ludger-Duvernay accordé par la Société Saint-Jean Baptiste pour l'ensemble de son œuvre.

Mort de son frère Joseph.

Début des *Cahiers de l'Académie canadienne-française*.

1957

Street of Riches obtient le Prix du Gouverneur général et c'est la première fois qu'un auteur obtient ce prix plus d'une fois.

Gabrielle accompagne le peintre René Richard et sa femme Blanche dans une traversée de l'est du continent jusqu'au golfe du Mexique.

LE CANADA ET LE MONDE

1955

Bloc de l'Est : le pacte de Varsovie concrétise une entente militaire entre les pays de l'Est.

Viêtnam du Sud : proclamation de la république ; Ngô Dinh Diêm est président.

1956

Hongrie : insurrection de Budapest et intervention des troupes soviétiques.

Moyen-Orient : l'annonce de la nationalisation du canal de Suez provoque l'attaque d'Israël contre l'Égypte et le débarquement franco-britannique à Suez pour protéger le canal. Intervention de l'ONU et du diplomate canadien Lester B. Pearson.

1957

Canada : John Diefenbaker, conservateur, est élu premier ministre. Lester B. Pearson reçoit le prix Nobel de la paix.

Europe : création de la Communauté économique européenne (CEE).

151

GABRIELLE ROY ET SON MILIEU

Elle fait l'acquisition d'une propriété à Petite-Rivière-Saint-François dans Charlevoix.

Parutions: *L'étoile pourpre* d'Alain Grandbois, *Boréal* d'Yves Préfontaine, *Les grands départs* de Jacques Languirand.

1960

Les insolences du frère Untel, de Jean-Paul Desbiens, qui dénonce les carences du système d'éducation, connaît un grand succès.

Parutions: *Poèmes* d'Anne Hébert, *Histoire de la littérature canadienne-française* de Gérard Tougas.

1961

Gabrielle séjourne au Manitoba pour un reportage commandé par le magazine *Maclean*. À l'invitation d'un ami géologue, elle se rend en Ungava (nord du Québec) et, dès son retour, part pour la Grèce avec Marcel, avec qui ce sera son dernier voyage.

Mort de son frère Germain.

LE CANADA ET LE MONDE

URSS : lancement du premier satellite artificiel (*Spoutnik*).

Parution : *Sur la route* de Jack Kerouac.

1960

Québec : après la mort de Paul Sauvé et la défaite d'Antonio Barrette, le Parti libéral de Jean Lesage prend le pouvoir. C'est le début de la Révolution tranquille.

Québec : Marcel Chaput et André D'Allemagne fondent le Rassemblement pour l'indépendance nationale (RIN).

États-Unis : élection à la présidence du démocrate John F. Kennedy.

Parution : *Chronique* de Saint-John Perse, *La force de l'âge* de Simone de Beauvoir.

1961

Canada : fondation du Nouveau Parti démocratique (NPD).

États-Unis : le pays s'engage dans la guerre du Viêtnam par l'envoi de conseillers militaires.

Allemagne de l'Est : construction du mur de Berlin.

URSS : premier vol orbital d'un Soviétique, Youri Gagarine.

GABRIELLE ROY ET SON MILIEU

Publication à Montréal de *La montagne secrète*.

Parution: *Laure Clouet* d'Adrienne Choquette.

1963

Seule, Gabrielle entreprend un voyage de deux mois à Londres, à Paris et dans le midi de la France; elle refait le trajet de son premier périple en Europe 25 ans plus tôt.

Parutions: *Amadou* de Louise Maheux-Forcier, *Toutes Isles* de Pierre Perrault, *Jéricho* de Claude Péloquin.

1964

Pendant l'hiver, Gabrielle se rend en Arizona où se meurt sa sœur Anna. Cet événement marque le début de sa conversion à la foi catholique alors qu'elle avait abandonné toute pratique religieuse depuis 30 ans.

Création, chez Fides, de la collection « Écrivains canadiens d'aujourd'hui ».

1965

Gabrielle accueille ses sœurs Bernadette et Clémence à Petite-Rivière-Saint-François.

Une édition révisée de *Bonheur d'occasion* est publiée.

Parutions: *Prochain épisode* d'Hubert Aquin, *Une saison dans*

LE CANADA ET LE MONDE

1963

Québec: le RIN devient un parti politique.

Canada: Lester B. Pearson, libéral, devient premier ministre.

États-Unis: John F. Kennedy est assassiné à Dallas, au Texas.

1964

États-Unis: sous Lyndon B. Johnson, successeur de Kennedy, l'escalade au Viêtnam se poursuit et les émeutes raciales se multiplient.

URSS: Khrouchtchev est démis de toutes ses fonctions et est remplacé par Leonid Brejnev et Alekseï Kossyguine.

1965

Canada: l'unifolié devient l'emblème officiel du pays.

États-Unis: en Alabama, Martin Luther King dirige une marche en faveur des droits sociaux des Noirs américains.

GABRIELLE ROY ET SON MILIEU

la vie d'Emmanuel de Marie-Claire Blais (prix Médicis).

1966
Gabrielle, qui trouve les hivers à Québec de plus en plus difficiles, passe février et mars en Provence, près de son amie Paula Sumner Bourgearel qui, dépressive, doit être internée.

Publication, à Montréal, chez HMH, de *La route d'Altamont*, puis de la traduction anglaise, faite par l'amie de Gabrielle, Joyce Marshall, *The Road Past Altamont*.

Parution: *L'avalée des avalés* de Réjean Ducharme.

1967
Gabrielle rédige le texte de l'album officiel de l'Exposition universelle de Montréal, « Terre des hommes : le thème raconté ». Indignée par les paroles de De Gaulle, elle écrit pour la première fois un communiqué politique publié dans les journaux.

Publication, à Paris, de *La route d'Altamont* et réédition de *Rue Deschambault*. Gabrielle reçoit le titre de Compagnon de l'Ordre du Canada.

Parutions: *Salut Galarneau !* de Jacques Godbout, *Les cantouques* de Gérald Godin.

LE CANADA ET LE MONDE

1966
Québec: Daniel Johnson, chef de l'Union nationale, devient premier ministre.

États-Unis: le *bill* des droits civils est adopté par le Congrès.

URSS: Leonid Brejnev devient secrétaire général du Parti communiste.

Chine: Mao lance la révolution culturelle prolétarienne.

1967
Québec: Exposition universelle de Montréal. À l'occasion de sa visite, le président français Charles de Gaulle lance son fameux «Vive le Québec libre!». Fondation du Mouvement souveraineté-association de René Lévesque.

Canada: le gouvernement fédéral décide de promouvoir le bilinguisme au sein de la fonction publique.

Grèce: début du régime des colonels.

Moyen-Orient: nouveau conflit israélo-arabe, la guerre des Six-Jours.

GABRIELLE ROY ET SON MILIEU

1968
Gabrielle passe l'hiver à New Smyrna Beach, en Floride. Elle y retourne dès la fin de l'année, en décembre, alors qu'elle traverse une crise de dépression : son dernier manuscrit, *La rivière sans repos*, a été refusé par son éditeur américain, sa sœur Adèle la poursuit de sa rancune dans ses écrits, et ses relations avec Marcel sont très tendues.

Elle accepte un doctorat *honoris causa* de l'Université Laval de Québec et la médaille du Conseil des Arts du Canada.

Création des *Belles-sœurs*, de Michel Tremblay. Les textes de Gratien Gélinas, de Marcel Dubé et de Michel Tremblay constituent une première étape dans l'avènement du théâtre québécois.

Parution : *Trou de mémoire* d'Hubert Aquin.

1969
À l'occasion du centenaire de l'entrée du Manitoba dans la Confédération canadienne, Gabrielle rédige « Mon héritage du Manitoba » pour la revue *Mosaic* de Winnipeg.

Parution d'un premier livre, en anglais, consacré entièrement à Gabrielle Roy, écrit par Phyllis Grosskurth de l'Université de Toronto.

LE CANADA ET LE MONDE

1968
Québec : mort de Daniel Johnson ; Jean-Jacques Bertrand lui succède. René Lévesque fonde le Parti québécois et prône la souveraineté-association.

Canada : le libéral Pierre Elliott Trudeau est élu premier ministre du Canada.

États-Unis : assassinat de Martin Luther King, apôtre de la non-violence, et de Robert Kennedy, défenseur des minorités.

Le républicain Richard Nixon est élu président.

Mai 68 : contestation étudiante mondiale.

Tchécoslovaquie : l'intervention des troupes du pacte de Varsovie à Prague met fin à l'espoir des Tchèques de se libérer du joug soviétique.

1969
Québec : le projet de loi sur l'enseignement du français, le *bill* 63, provoque des manifestations.

L'astronaute Neil Armstrong est le premier homme à marcher sur la Lune.

Yasser Arafat devient président de l'Organisation de libération de la Palestine (OLP).

LE CANADA ET LE MONDE

1970

Gabrielle séjourne au Manitoba et veille sa sœur Bernadette qui est très malade. De retour à Québec, elle lui écrit tous les jours jusqu'à sa mort. Elle retourne visiter Clémence dont elle a maintenant toute la responsabilité ; elle y retournera les quatre années suivantes.

Publication à Montréal de *La rivière sans repos* et, au Canada anglais, de sa traduction, *Winflower* ; réédition de *La petite poule d'eau*.

Parutions : *L'homme rapaillé* de Gaston Miron, *Kamouraska* d'Anne Hébert.

1971

Gabrielle reçoit le prix David de la province de Québec pour l'ensemble de son œuvre.

Une édition d'art de *La petite poule d'eau* est tirée à 200 exemplaires, ornée de 20 estampes originales de Jean-Paul Lemieux.

Mort de son frère Rodolphe.

1972

Après sa visite annuelle à Clémence à la fin de l'été, Gabrielle prend des vacances en Colombie-Britannique. Elle repart dès décembre pour la Provence.

Publication aux Éditions françaises de Québec de *Cet été qui chantait*,

1970

Québec : victoire du Parti libéral dirigé par Robert Bourassa.

Crise d'Octobre : l'enlèvement du diplomate britannique James Richard Cross et du ministre du Travail Pierre Laporte, par le Front de libération du Québec (FLQ), amène le gouvernement fédéral à décréter la Loi sur les mesures de guerre qui suspend certaines libertés civiles.

France : mort de Charles de Gaulle.

Chili : élection du président Salvador Allende.

1971

Canada : échec de la Conférence de Victoria. Le Québec refuse la formule de rapatriement et d'amendement de la Constitution telle qu'elle est proposée par le gouvernement fédéral.

1972

Canada : réélection du Parti libéral et de Pierre E. Trudeau qui forme un gouvernement minoritaire.

Chine : première visite d'un président des États-Unis, Richard Nixon, en Chine communiste.

GABRIELLE ROY ET SON MILIEU

qui a du succès auprès du public mais qui est décrié par la critique.

1973

De retour de France en février, Gabrielle ne retournera plus en Europe. Mort de deux de ses amies, Adrienne Choquette et Paula Sumner. Rencontre avec François Ricard, professeur de lettres de l'Université McGill, qui s'occupera par la suite de la correction de presque tous ses livres.

Publication de *Visages de Gabrielle Roy, l'œuvre et l'écrivain* de Marc Gagné, qui contient de longs passages de ses entretiens avec la romancière. Réédition d'*Alexandre Chenevert*.

1974

Gabrielle connaît un hiver difficile à Québec à cause de crises d'asthme répétées.

Pendant l'été, elle termine le premier vrai recueil de nouvelles qu'elle compose, *Un jardin au bout du monde*. Elle rédige également un texte de souvenirs pour marquer le 50ᵉ anniversaire du Cercle Molière.

1975

Gabrielle se rend au Manitoba pour la dernière fois et ne reverra plus Clémence.

LE CANADA ET LE MONDE

1973

États-Unis : la Maison-Blanche est compromise dans l'affaire Watergate.

Signature à Paris d'un cessez-le-feu entre le Viêtnam du Nord et les États-Unis.

Moyen-Orient : conflit israélo-arabe (guerre du Yom Kippour) qui entraîne une forte hausse du prix du pétrole.

Chili : coup d'État du général Pinochet qui renverse le gouvernement socialiste de Salvador Allende.

1974

Québec : la « loi 22 » proclame le français langue officielle du Québec.

Canada : réélection du Parti libéral.

États-Unis : le président Richard Nixon est contraint de démissionner. Le vice-président Gerald Ford lui succède.

Grèce : fin du régime des colonels et restauration de la démocratie.

1975

Espagne : mort de Franco ; Juan Carlos devient roi.

GABRIELLE ROY ET SON MILIEU

Publication à Montréal d'*Un jardin au bout du monde* qui est très bien reçu, et d'une édition luxueuse de *La montagne secrète*, illustrée par René Richard.

LE CANADA ET LE MONDE

Viêtnam : l'armée du Sud capitule devant les communistes du Nord.

Cambodge : prise du pouvoir par les Khmers rouges.

Liban : la guerre civile culmine entre musulmans et phalangistes.

1976

Parution de la traduction anglaise de *Cet été qui chantait* : *Enchanted Summer*, et publication de *Ma vache Bossie*, un album pour enfants, chez Leméac.

1976

Québec : le Parti québécois de René Lévesque remporte les élections du 15 novembre.

États-Unis : le démocrate Jimmy Carter est élu président.

Viêtnam : réunification du pays.

1977

Parution de la traduction anglaise d'*Un jardin au bout du monde* : *Garden in the Wind*.

Publication chez le nouvel éditeur de Gabrielle Roy, Alain Stanké, de *Ces enfants de ma vie* qui a un succès retentissant. Il réimprime *Bonheur d'occasion* en format poche dans la collection, « Québec 10/10 », dirigée par François Ricard, de même que tous ses livres, entre 1978 et 1982.

1977

Québec : adoption de la Charte de la langue française (loi 101) qui proclame l'unilinguisme français dans les secteurs publics.

URSS : Leonid Brejnev est élu à la tête du présidium du Soviet suprême.

1978

Publication de *Fragiles lumières de la terre*, un recueil d'anciens textes publiés dans des périodiques et rassemblés par Gabrielle Roy et François Ricard.

1978

Italie : assassinat du leader de la Démocratie chrétienne, Aldo Moro, par le groupe terroriste les Brigades rouges.

GABRIELLE ROY ET SON MILIEU

Gabrielle reçoit le Prix du Gouverneur général pour *Ces enfants de ma vie* et le prix Molson du Conseil des Arts du Canada.

1979
Adèle réussit à faire publier son manuscrit intitulé *Le miroir du passé*, une dénonciation de l'«arrivisme» de Gabrielle. Trois semaines auparavant, celle-ci a été foudroyée par un infarctus; elle sera hospitalisée un mois.

Parution de la traduction anglaise de *Ces enfants de ma vie*. *Children of my Heart*. Publication, à Montréal, de *Courte-Queue*, un album pour enfants.

1980
Gabrielle reçoit le Prix de littérature de jeunesse du Conseil des Arts du Canada pour *Courte-Queue*. Parution de sa traduction anglaise, *Cliptail*.

Un diplôme d'honneur de la Conférence canadienne des arts lui est décerné.

Elle accepte de vendre ses documents à la Bibliothèque nationale du Canada à Ottawa et de constituer un «Fonds Gabrielle-Roy».

1982
Parution de la traduction anglaise de *Fragiles lumières de la terre*: *The Fragile Lights of Earth*.

LE CANADA ET LE MONDE

Vatican : élection du pape Jean-Paul II.

1979
Canada: élection du conservateur Joe Clark.

États-Unis: signature des accords de camp David entre l'Égypte et Israël.

Cambodge: fin de la dictature de Pol Pot.

Iran : renversement du Shah et instauration de la république islamique.

1980
Canada : élection de Pierre E. Trudeau et du Parti libéral.

Québec: référendum sur le projet de souveraineté-association du gouvernement péquiste. Le «non» l'emporte.

États-Unis: le républicain Ronald Reagan, un ancien acteur, est élu président.

Pologne : naissance du syndicat libre Solidarité; Lech Walesa en est élu le président l'année suivante.

1982
Canada: le gouvernement fédéral rapatrie la Constitution canadienne sans l'accord du Québec.

GABRIELLE ROY ET SON MILIEU	LE CANADA ET LE MONDE

Publication, à Montréal, de *De quoi t'ennuies-tu, Évelyne?*

Anne Hébert remporte le prix Femina avec *Les fous de Bassan*.

1983
Gabrielle Roy meurt le 13 juillet à l'Hôtel-Dieu de Québec. La veille, le film *Bonheur d'occasion*, de Claude Fournier, est projeté en première mondiale au Festival de Moscou. Le lendemain, elle est décorée à titre posthume de l'Ordre des francophones d'Amérique.

1983
Québec : Robert Bourassa redevient chef du Parti libéral.

États-Unis : premier vol d'essai de la navette spatiale *Columbia*.

1984
Publication, à Montréal, de l'autobiographie de Gabrielle Roy, *La détresse et l'enchantement*.

États-Unis : mise sur le marché par la compagnie Apple de son ordinateur domestique Macintosh.

1984
Canada : John Turner succède à Pierre E. Trudeau à la direction du Parti libéral. Aux élections, le conservateur Brian Mulroney est élu premier ministre.

1986
Parution, à Paris, de *La détresse et l'enchantement* et, à Montréal, de *L'Espagnole et la Pékinoise*, un album pour enfants.

1986
URSS : à Tchernobyl se produit le plus grave accident jamais survenu dans une centrale nucléaire. Mikhaïl Gorbatchev, secrétaire général du Parti communiste, est porté au pouvoir.

1987
Parution de la traduction anglaise de *La détresse et l'enchantement* : *Enchantment and Sorrow*.

1987
Canada : signature de l'Accord du lac Meech avec les provinces.

Québec : mort de René Lévesque.

GABRIELLE ROY ET SON MILIEU

1988
Publication, à Montréal, de *Ma chère petite sœur — Lettres à Bernadette 1943-1970.*

Parution de la traduction anglaise de *L'Espagnole et la Pékinoise* : *The Tortoiseshell and the Pekinese.*

Mort de Félix Leclerc.

1989
Décès de Marcel Carbotte. Il lègue la maison de Petite-Rivière-Saint-François au Fonds Gabrielle-Roy et sa collection d'œuvres d'art au Musée du Québec.

1993
Mort de Clémence.

LE CANADA ET LE MONDE

1988
Canada : signature d'un accord commercial de libre-échange avec les États-Unis.

France : réélection du président François Mitterrand.

1989
Québec : réélection du Parti libéral dirigé par Robert Bourassa.

Allemagne : chute du mur de Berlin.

1993
Canada : élection du Parti libéral dirigé par Jean Chrétien.

Gabrielle, Clémence, Adèle et Anna.

Éléments de bibliographie

Œuvres de Gabrielle Roy
(par ordre de parution d'origine)

Bonheur d'occasion, roman, Montréal, Boréal, 1993, coll. « Boréal compact », nᵒ 50, 414 p.

La petite poule d'eau, roman, Montréal, Boréal, 1993, coll. « Boréal compact », nᵒ 48, 276 p.

Alexandre Chenevert, roman, Montréal, Boréal, 1995, coll. « Boréal compact », nᵒ 62, 304 p.

Rue Deschambault, roman, Montréal, Boréal, 1993, coll. « Boréal compact », nᵒ 46, 270 p.

La montagne secrète, roman, Montréal, Boréal, 1994, coll. « Boréal compact », nᵒ 53, 180 p.

La route d'Altamont, roman, Montréal, Boréal, 1993, coll. « Boréal compact », nᵒ 47, 168 p.

La rivière sans repos, roman précédé de trois nouvelles esquimaudes, Montréal, Boréal, 1995, coll. « Boréal compact », nᵒ 63, 256 p.

Cet été qui chantait, Montréal, Boréal, 1993, coll. « Boréal compact », nᵒ 45, 172 p.

Un jardin au bout du monde, nouvelles, Montréal, Boréal, 1994, coll. « Boréal compact », nᵒ 54, 190 p.

Ma vache Bossie, conte pour enfants, Montréal, Leméac, 1976, 45 p.

Ces enfants de ma vie, roman, Montréal, Boréal, 1993, coll. «Boréal compact», n° 49, 198 p.

Fragiles lumières de la terre, écrits divers, Montréal, Boréal, 1996, coll. «Boréal compact», n° 77, 264 p.

Courte-Queue, conte pour enfants, Montréal, Stanké, 1979, 52 p. (illustration de François Olivier).

De quoi t'ennuies-tu, Évelyne, Montréal, Boréal, 1988, coll. «Boréal compact», n° 8, 128 p. (suivi de *Ély!, Ély!, Ély!*).

L'Espagnole et la Pékinoise, conte pour enfants, Montréal, Boréal, 1986, 112 p. (illustrations de Jean-Yves Ahem).

Ouvrages ayant servi à l'élaboration de la présente biographie

BROCHU, André, *Une étude de Bonheur d'occasion*, Montréal, Boréal, coll. «Les classiques québécois expliqués», 1998, 112 p.

RICARD, François, *Gabrielle Roy. Une vie*, Montréal, Boréal, 1996, 648 p.

ROY, Gabrielle, *Mon cher grand fou. Lettres à Marcel Carbotte*, Montréal, Boréal, 2001, 832 p.

———, *La détresse et l'enchantement*, Montréal, Boréal, 1984, 512 p.

———, *Le temps qui m'a manqué*, édition préparée par François Ricard, Dominique Fortier et Jane Everett, Montréal, Boréal, 2000, 112 p.

———, *Le pays de Bonheur d'occasion*, Montréal, Boréal. coll. «Les cahiers Gabrielle Roy», 2000, 160 p.

ROY, Marie-Anna (Adèle), *Le miroir du passé*, Montréal, Québec Amérique, 1979, 288 p.

Table des matières

DANGER

LE
PHOTOCOPILLAGE
TUE LE LIVRE

Cet ouvrage
composé en New Caledonia
corps 12 sur 14
a été achevé d'imprimer
en avril deux mille quatre
sur les presses de

Transcontinental
IMPRESSION
IMPRIMERIE GAGNÉ

IMPRIMÉ AU CANADA